Poesías
Miguel de Unamuno

Poesías
Miguel de Unamuno

POESÍAS. MIGUEL DE UNAMUNO. Esmeralda Publishing LLC.

Antecedentes:
Este título fue publicado originalmente en 1907.

©2021, Esmeralda Publishing LLC.

Este libro no podrá reproducirse, transmitirse en forma alguna ni por ningún medio, ya sea electrónico o mecánico, incluso fotocopia, grabación o cualquier otro sistema de almacenamiento o recuperación, sin el consentimiento escrito del editor, salvo en los casos previstos por la legislación pertinente.

Para más información, visite nuestro sitio web:
www.esmeraldapublishing.com
Esmeralda Publishing y su logo son marcas registradas de Esmeralda Publishing LLC.

ISBN: 978-1-64800-040-9

Información de portada:

Autorretrato (1902) – Miguel de Unamuno

Diseño: Ariel Wajnerman

INTRODUCCIÓN

***

¡Id con Dios!

Aquí os entrego, a contratiempo acaso,
flores de otoño, cantos de secreto.
¡Cuántos murieron sin haber nacido,
dejando, como embrión, un solo verso!
¡Cuántos sobre mi frente y so las nubes
brillando un punto al sol, entre mis sueños,
desfilaron como aves peregrinas,
de su canto al compás llevando el vuelo
y al querer enjaularlas yo en palabras
del olvido a los montes se me fueron!
Por cada uno de estos pobres cantos,
hijos del alma, que con ella os dejo,
¡cuántos en el primer vagido endeble
faltos de aire de ritmo se murieron!
Estos que os doy logré sacar a vida,
y a luchar por la eterna aquí os los dejo;
quieren vivir, cantar en vuestras mentes,
y les confío el logro de su intento.
Les pongo en el camino de la gloria
o del olvido, hice ya por ellos
lo que debía hacer, que por mí hagan
ellos lo que me deban, justicieros.
Y al salir del abrigo de mi casa

       con alegría y con pesar los veo,
    y más que no por mí, su pobre padre,
    por ellos, pobres hijos míos, tiemblo.
    ¡Hijos del alma, pobres cantos míos,
       que calenté al arrimo de mi pecho,
       cuando al nacer mis penas balbucíais
       hacíais de ellas mi mejor consuelo!
    Íos con Dios, pues que con Él vinisteis
       en mí a tomar, cual carne viva, verbo,
       responderéis por mí ante Él, que sabe
    que no es lo malo que hago, aunque no quiero,
       si no vosotros sois de mi alma el fruto;
       vosotros reveláis mi sentimiento,
       ¡hijos de libertad! y no mis obras
    en las que soy de extraño sino siervo;
    no son mis hechos míos, sois vosotros,
    y así no de ellos soy, sino soy vuestro.
       Vosotros apuráis mis obras todas;
       sois mis actos de fe, mis valederos.
       Del tiempo en la corriente fugitiva
    flotan sueltas las raíces de mis hechos,
    mientras las de mis cantos prenden firmes
       en la rocosa entraña de lo eterno.
    Íos con Dios, corred de Dios el mundo,
       desparramad por él vuestro misterio,
       y que al morir, en mi postrer jornada
       me forméis, cual calzada, mi sendero,
       el de ir y no volver, el que me lleve
       a perderme por fin, en aquel seno
    de que a mi alma vinieron vuestras almas,
       a anegarme en el fondo del silencio.
    Id con Dios, cantos míos, y Dios quiera
       que el calor que sacasteis de mi pecho,
       si el frío de la noche os lo robara,
       lo recobréis en corazón abierto
       donde podáis posar al dulce abrigo
    para otra vez alzar, de día, el vuelo.
    Íos con Dios, heraldos de esperanzas
       vestidas del verdor de mis recuerdos,
       íos con Dios y que su soplo os lleve
       a tomar en lo eterno, por fin, puerto.

***

Credo poético

Piensa el sentimiento, siente el pensamiento;
que tus cantos tengan nidos en la tierra,
y que cuando en vuelo a los cielos suban
tras las nubes no se pierdan.

Peso necesitan, en las alas peso,
la columna de humo se disipa entera,
algo que no es música es la poesía,
la pesada solo queda.

Lo pensado es, no lo dudes, lo sentido.
¿Sentimiento puro? Quien en ello crea,
de la fuente del sentir nunca ha llegado
a la viva y honda vena.

No te cuides en exceso del ropaje,
de escultor y no de sastre es tu tarea,
no te olvides de que nunca más hermosa
que desnuda está la idea.

No el que un alma encarna en carne, ten presente,
no el que forma da a la idea es el poeta
sino que es el que alma encuentra tras la carne
tras la forma encuentra idea.

De las fórmulas la broza es lo que hace
que nos vele la verdad, torpe, la ciencia;
la desnudas con tus manos y tus ojos
gozarán de su belleza.

Busca líneas de desnudo, que aunque trates
de envolvernos en lo vago de la niebla,
aún la niebla tiene líneas y se esculpe;
ten, pues, ojo, no las pierdas.

Que tus cantos sean cantos esculpidos,
ancla en tierra mientras tanto que se elevan,

el lenguaje es ante todo pensamiento,
y es pensada su belleza.

Sujetemos en verdades del espíritu
las entrañas de las formas pasajeras,
que la Idea reine en todo soberana;
esculpamos, pues, la niebla.

***

Denso, denso

Mira, amigo, cuando libres
al mundo tu pensamiento,
cuida que sea ante todo
denso, denso.

Y cuando sueltes la espita
que cierra tu sentimiento
que en tus cantos este mane
denso, denso.

Y el vaso en que nos escancies
de tu sentir los anhelos,
de tu pensar los cuidados,
denso, denso.

Mira que es largo el camino
y corto, muy corto, el tiempo,
parar en cada posada
no podemos.

Dinos en pocas palabras,
y sin dejar el sendero,
lo más que decir se pueda,
denso, denso.

Con la hebra recia del ritmo
hebrosos queden tus versos,

sin grasa, con carne prieta,
densos, densos.

***

Cuando yo sea viejo

Cuando yo sea viejo,
—desde ahora os lo digo—
no sentiré mis cantos, estos cantos,
ni serán a mi oído
más que voces de un muerto
aun siendo de los muertos el más mío.
Pero entonces pondré, de esto no dudo,
más esforzado ahínco
en quedarme con ellos, y su llave
para uso reservármela exclusivo.
Y acaso pensaré —¡todo es posible!—
en publicar un libro
en que punto por punto se os declare
cuál es su verdadero contenido.
Cuando yo sea viejo
renegaré del alma que ahora vivo
al querer conservarla como propia
y no comprenderé ni aun a mis hijos.
Y a vosotros entonces
—me refiero a vosotros, no nacidos
en mayoría acaso,
los que busquéis a esta mi voz sentido—
me volveré diciendo: "¡No, no es eso,
el cantor nunca quiso
semejantes simplezas dar al canto,
fue muy otro su tiro;
no le entendéis, él era
de un espíritu al vuestro muy distinto!".
Y vosotros muy dentro del respeto
—que no me le neguéis es lo que os pido—
debéis firmes decirme:
"¡Todo eso está muy bien, buen viejecito,
pero es que estos sus cantos,

cantos a pecho herido,
son de su edad de voz y esa es la nuestra,
son de otro que en su cuerpo fue vecino,
y hoy más nuestros que suyos!".
Y entonces yo, hecho un basilisco,
con senil impaciencia revolviéndome
os habré de decir: "¿Habrase visto
petulancia mayor, sandez más grande,
pretender estos niños
comprender de unos cantos
mejor que no el cantor cual el sentido?
¿Mejor que no él sabrán los badulaques
que es lo que decir quiso?".
Mas no os inmutéis, sino decidme:
"¿Quién es él? En buen juicio,
¿quién es él?, ¿dónde está?, ¿cómo se llama?".
Y os diré yo mirándoos de hito en hito:
"¿Es que de mí se burlan los mocosos?,
¿pretenderán acaso estos chiquillos
pobres de juicio y hartos de osadía
negarme lo que es mío?".
"¿Suyo? —diréis— ¡no! del que fue en un tiempo
y hoy le es extraño ya, casi enemigo;
al dejárnoslo aquí, en estos cantos,
de él se desprendió, y aquí está vivo...".
Y yo protestaré, cual si lo viera,
pero estará bien dicho.
El alma que aquí dejo
un día para mí se irá al abismo;
no sentiré mis cantos;
recogeréis vosotros su sentido.
Descubriréis en ellos
lo que yo por mi parte no adivino,
ni aun ahora que me brotan;
veréis lo que no he visto
en mis propias visiones;
donde yo he puesto blanco veréis negro,
donde rojo pinté, será amarillo.
Y si ello así no fuera,
si estos mis cantos —¡pobres cantos míos!—
jamás han de decir a mis hermanos

sino esto que me dicen a mí mismo,
entonces con justicia
irán a dar rodando en el olvido.
Por ahora, mis jóvenes,
aquí os lo dejo escrito,
y si un día os negare
argüid contra mí conmigo mismo,
pues os declaro
—y creo saber bien lo que me digo—
que cuando llegue a viejo,
de este que ahora me soy y me respiro,
sabrán, cierto, los jóvenes de entonces
más que yo si a este yo me sobrevivo.

***

Para después de mi muerte

Vientos abismales,
tormentas de lo eterno han sacudido
de mi alma el poso,
y su haz se enturbió con la tristeza
del sedimento.
Turbias van mis ideas,
mi conciencia enlojada,
empañado el cristal en que desfilan
de la vida las formas,
y todo triste
porque esas heces lo entristecen todo.
Oye tú que lees esto
después de estar yo en tierra,
cuando yo que lo he escrito
no puedo ya al espejo contemplarme;
¡oye y medita!
Medita, es decir: ¡sueña!
"Él, aquella mazorca
de ideas, sentimientos, emociones,
sensaciones, deseos, repugnancias,
voces y gestos,
instintos, raciocinios,

esperanzas, recuerdos,
y goces y dolores,
él, que se dijo yo, sombra de vida,
lanzó al tiempo esta queja
y hoy no la oye;
¡es mía ya, no suya!".
Sí, lector solitario, que así atiendes
la voz de un muerto,
tuyas serán estas palabras mías
que sonarán acaso
desde otra boca,
sobre mi polvo
sin que las oiga yo que soy su fuente.
¡Cuando yo ya no sea,
serás tú, canto mío!
¡Tú, voz atada a tinta,
aire encarnado en tierra,
doble milagro,
portento sin igual de la palabra,
portento de la letra,
tú nos abrumas!
¡Y que vivas tú más que yo, mi canto!
Oh, mis obras, mis obras,
hijas del alma,
¿por qué no habéis de darme vuestra vida?,
¿por qué a vuestros pechos
perpetuidad no ha de beber mi boca?
¡Acaso resonéis, dulces palabras,
en el aire en que floten
en polvo estos oídos,
que ahora están midiéndoos el paso!
¡Oh, tremendo misterio!,
en el mar larga estela reluciente
de un buque sumergido;
¡huellas de un muerto!
¡Oye la voz que sale de la tumba
y te dice al oído
este secreto:
yo ya no soy, hermano!
Vuelve otra vez, repite:
¡yo ya no soy, hermano!

Yo ya no soy; mi canto sobrevíveme
y lleva sobre el mundo
la sombra de mi sombra,
¡mi triste nada!
Me oyes tú, lector, yo no me oigo,
y esta verdad trivial, y que por serlo
la dejamos caer como la lluvia,
es lluvia de tristeza,
es gota del océano
de la amargura.
¿Dónde irás a pudrirte, canto mío?
¿En qué rincón oculto
darás tu último aliento?
¡Tú también morirás, morirá todo,
y en silencio infinito
dormirá para siempre la esperanza!

***

A la corte de los poetas

Junto a esa charca muerta de la corte
en que croan las ranas a concierto,
se masca, como gas de los pantanos,
ramplonería.

Los renacuajos bajo la ova bullen
esperando que el rabo se les caiga
para ascender a ranas que en la orilla
al sol se secan.

Y si oyen ruido luego bajo el agua,
buscan el limo, su elemento propio,
en el que invernan disfrutando en frío
dulce modorra.

Solo de noche, a su cantada luna,
se arriesgan por los campos aledaños,
a caza de dormidos abejorros,
papando moscas.

¡Oh, qué concierto de sonoras voces
alzan al cielo cuando el celo llega!
¿Están pidiendo rey o están cantando
al amor trovas?

¿O es que envidiosas de redonda vaca
se están hinchiendo de aire los pulmones?
¿Es que les mueve en su cantar furioso
la sed de gloria?

Cuando pelechen nacerá sobre ellas
el sol que les caliente al fin la sangre,
alas les nacerán, y sus bocotas
darán gorjeos.

Se secará la charca y hasta el cielo
irán en busca de licor de vida;
querrán, alondras, de las altas nubes
libar el cáliz.

¡Pero no! Nuestras ranas son sesudas,
no les tienta el volar, saltan a gusto,
Jove les dio como preciada dote
común sentido.

¡Oh, imbéciles cantores de la charca,
croad, papad, tomad el sol estivo,
propiciados sea la sufrida luna,
castizas ranas!

***

CASTILLA

***

Tú me levantas, tierra de Castilla,
en la rugosa palma de tu mano,
al cielo que te enciende y te refresca,
al cielo, tu amo.

Tierra nervuda, enjuta, despejada,
madre de corazones y de brazos,
toma el presente en ti viejos colores
del noble antaño.

Con la pradera cóncava del cielo
lindan en torno tus desnudos campos,
tiene en ti cuna el sol y en ti sepulcro
y en ti santuario.

Es todo cima tu extensión redonda
y en ti me siento al cielo levantado,
aire de cumbre es el que se respira
aquí, en tus páramos.

¡Ara gigante, tierra castellana,
a ese tu aire soltaré mis cantos,
si te son dignos bajarán al mundo
desde lo alto!

***

El mar de encinas

En este mar de encinas castellano
los siglos resbalaron con sosiego
lejos de las tormentas de la historia,
lejos del sueño

que a otras tierras la vida sacudiera;
sobre este mar de encinas tiende el cielo
su paz engendradora de reposo,
su paz sin tedio.

Sobre este mar que guarda en sus entrañas
de toda tradición el manadero
esperan una voz de hondo conjuro
largos silencios.

Cuando desuella estío la llanura
cuando la pela el rigoroso invierno,
brinda al azul el piélago de encinas
su verde viejo.

Como los días, van sus recias hojas
rodando una tras otra al pudridero
y siempre verde el mar, de lo divino
nos es espejo.

Su perenne verdura es de la infancia
de nuestra tierra, vieja ya, recuerdo,
de aquella edad en que esperando al hombre
se henchía el seno

de regalados frutos. Es su calma
manantial de esperanza eterna eterno.
Cuando aún no nació el hombre él verdecía
mirando al cielo,

y le acompaña su verdura grave
tal vez hasta dejarle en el lindero
en que roto ya el viejo, nazca al día
un hombre nuevo.

Es su verdura flor de las entrañas
de esta rocosa tierra, toda hueso,
es flor de piedra su verdor perenne
pardo y austero.

Es, todo corazón, la noble encina
floración secular del noble suelo
que, todo corazón de firme roca,
brotó del fuego

de las entrañas de la madre tierra.
Lustrales aguas le han lavado el pecho
que hacia el desnudo cielo alza desnudo
su verde vello.

Y no palpita, aguarda en un respiro
de la bóveda toda el fuerte beso,
a que el cielo y la tierra se confundan
en lazo eterno.

Aguarda el día del supremo abrazo
con un respiro poderoso y quieto
mientras, pasando, mensajeras nubes
templan su anhelo.

Es este mar de encinas castellano
vestido de su pardo verde viejo
que no deja, del pueblo a que cobija
místico espejo.

Zamora, 13 IX 1906

***

Salamanca

Alto soto de torres que al ponerse
tras las encinas que el celaje esmaltan
dora a los rayos de su lumbre el padre
Sol de Castilla;

bosque de piedras que arrancó la historia
a las entrañas de la tierra madre,
remanso de quietud, yo te bendigo,
¡mi Salamanca!

Miras a un lado, allende el Tormes lento,
de las encinas el follaje pardo
cual el follaje de tu piedra, inmoble,
denso y perenne.

Y de otro lado, por la calva Armuña,
ondea el trigo, cual tu piedra, de oro,
y entre los surcos al morir la tarde
duerme el sosiego.

Duerme el sosiego, la esperanza duerme,
de otras cosechas y otras dulces tardes,
las horas al correr sobre la tierra
dejan su rastro.

Al pie de tus sillares, Salamanca,
de las cosechas del pensar tranquilo
que año tras año maduró en tus aulas
duerme el recuerdo.

Duerme el recuerdo, la esperanza duerme,
y es el tranquilo curso de tu vida
como el crecer de las encinas, lento,
lento y seguro.

De entre tus piedras seculares, tumba
de remembranzas del ayer glorioso
de entre tus piedras recogió mi espíritu
fe, paz y fuerza.

En este patio que se cierra al mundo
y con ruinosa crestería borda
limpio celaje, al pie de la fachada
que de plateros

ostenta filigranas en la piedra,
en este austero patio, cuando cede
el vocerío estudiantil, susurra
voz de recuerdos.

En silencio Fray Luis quédase solo
meditando de Job los infortunios,
o paladeando en oración los dulces
nombres de Cristo.

Nombres de paz y amor con que en la lucha
buscó conforte, y arrogante luego
a la brega volviose amor cantando,
paz y reposo.

La apacibilidad de tu vivienda
gustó, andariego soñador, Cervantes,
la voluntad le enhechizaste y quiso
volver a verte.

Volver a verte en el reposo quieta
soñar contigo el sueño de la vida
soñar la vida que perdura siempre
sin morir nunca.

Sueño de no morir es el que infundes
a los que beben de tu dulce calma,
sueño de no morir ese que dicen
culto a la muerte.

En mí florezcan cual en ti, robustas,
en flor perduradora las entrañas
y en ellas talle con seguro toque
visión del pueblo.

Levántense cual torres clamorosas
mis pensamientos en robusta fábrica
y asiéntese en mi patria para siempre
la mi Quimera.

Pedernoso cual tú sea mi nombre
de los tiempos la roña resistiendo,
y por encima al tráfago del mundo
resuene limpio.

Pregona eternidad tu alma de piedra
y amor de vida en tu regazo arraiga,
amor de vida eterna, y a su sombra
amor de amores.

En tus callejas que del sol nos guardan
y son cual surcos de tu campo urbano,
en tus callejas duermen los amores
más fugitivos.

Amores que nacieron como nace
en los trigales amapola ardiente
para morir antes de la hoz, dejando
fruto de sueño.

El dejo amargo del Digesto hastioso
junto a las rejas se enjugaron muchos
volviendo luego, corazón alegre,
a nuevo estudio.

De doctos labios recibieron ciencia
mas de otros labios palpitantes, frescos,
bebieron del Amor, fuente sin fondo,
sabiduría.

Luego en las tristes aulas del Estudio,
frías y oscuras, en sus duros bancos,
aquietaron sus pechos encendidos
en sed de vida.

Como en los troncos vivos de los árboles
de las aulas así en los muertos troncos
grabó el Amor por manos juveniles
su eterna empresa.

Sentencias no hallaréis del Triboniano
del Peripato no veréis doctrina,
ni aforismos de Hipócrates sutiles,
jugo de libros.

Allí Teresa, Soledad, Mercedes,
Carmen, Olalla, Concha, Blanca o Pura,
nombres que fueron miel para los labios,
brasa en el pecho.

Así bajo los ojos la divisa
del amor, redentora del estudio
y cuando el maestro calla aquellos bancos
dicen amores.

Oh, Salamanca, entre tus piedras de oro
aprendieron a amar los estudiantes
mientras los campos que te ciñen daban
jugosos frutos.

Del corazón en las honduras guardo
tu alma robusta, cuando yo me muera,
guarda, dorada Salamanca mía,
tú mi recuerdo.

Y cuando el sol al acostarse encienda
el oro secular que te recama,
con tu lenguaje, de lo eterno heraldo,
di tú que he sido.

***

La torre de Monterrey a la luz de la luna

Torre de Monterrey, cuadrada torre,
que miras desfilar hombres y días,
tú me hablas del pasado y del futuro
Renacimiento.

De día el sol te dora y a sus rayos
se aduermen tus recuerdos vagarosos,
te enjabelga la Luna por las noches
y se despiertan.

Velas tú por el día, enajenada,
confundida en la luz que en sí te sume
y en las oscuras noches te sumerges
en la inconciencia.

Más la Luna en unción dulce al tocarte
despiertas de la muerte y de la vida,
y en lo eterno te sueñas y revives
en tu hermosura.

¡Cuántas noches, mi torre, no te he visto
a la unción de la Luna melancólica
despertar en mi pecho los recuerdos
de tras la vida!

De la Luna la unción por arte mágica
derrite la materia de las cosas
y su alma queda así flotante y libre,
libre en el sueño.

Renacer me he sentido a tu presencia,
torre de Monterrey, cuando la Luna
de tus piedras los sueños libertaba
y ellas cedían.

Y un mundo inmaterial, todo de sueño,
de libertad, de amor, sin ley de piedra,
mundo de luz de luna confidente
soñar me hiciste.

Torre de Monterrey, dime, mi torre,
¿tras de la muerte el Sol brutal se oculta
o es la Luna, la Luna compasiva,
del sueño madre?

¿Es ley de piedra o libertad de ensueño
lo que al volver las almas a encontrarse
las unirá para formar la eterna
torre de gloria?

Torre de Monterrey, soñada torre,
que mis ensueños madurar has visto,
tú me hablas del pasado y del futuro
Renacimiento.

***

Cruzando un lugar

Fue al cruzar una tarde un lugarejo
entre el polvo tendido en la llanada,
a la hora de sopor que a la campiña
la congestión vital hunde y aplana,
cuando dormita bajo el sol que pesa
infiltrando modorra en sus entrañas.
Al oír resonar dentro en la calle
los cascos del caballo alzó la cara
y dos ojos profundos me miraron
cual del seno de una isla solitaria.
Fue mirar de reposo y de tristeza,
todo un pasado en él se revelaba;
desde olvidado islote parecía
el adiós silencioso que se manda,
el silencioso adiós al pasajero
que cruza el mar de largo en su fragata
para hundirse allá lejos, donde besan
al cielo en el confín, remotas aguas.
Seguí yo mi sendero, pensativo,
en mi pecho llevando su mirada,
aquellos negros ojos tras los cuales
misterios dolorosos vislumbrara.
La pobre niña del lugar oscuro
solo pedía… lo que quieran darla,
por amor del Amor una limosna,
abrazo espiritual a la distancia.

Fue un instante brevísimo, un relámpago
que llevó a vivo toque nuestras almas;
fue un alzamiento del oscuro seno
en que reposan las profundas aguas
a que la luz no llega de la mente,
fue un empuje del alma de nuestra alma,
la que durmiendo en nuestro vivo lecho,
de sí misma ignorante, en paz descansa.
Tal debió ser, porque al sentir en vivo
de aquellos ojos la tenaz mirada,
repentina inmersión en el océano
sentí, en que se me anega la esperanza.

***

Fue al cruzar una tarde un lugarejo
entre el polvo tendido en la llanada
a la hora de sopor que a la campiña
la congestión vital hunde y aplana
cuando dormita bajo el sol que llueve
infiltrando modorra en sus entrañas.

Han corrido los días desde entonces
y prendido en mi pecho su mirada
y empieza a florecer y dar sus frutos
y a mi espíritu todo lo embalsama.
Y como en huerto de convento guardo
de ojos profanos esta tierna planta,
y doy sus frutos y no sabe el mundo
que dichoso dolor me los arranca.

***

El último héroe

Era al ponerse el sol en la llanura;
pálida sombra inmensa proyectaba
de las ruinas el humo
subiendo espeso;

acá y allá tendidos, sobre sangre,
contemplaban la azul bóveda inmóvil
con inmóviles ojos
los que lucharon.

De Dios en la pupila sus pupilas
hundían los vencidos caballeros,
del último combate
cobrando el premio.

Rodeaban la que fue roquera torre,
señora de los páramos adustos,
en tropa bulliciosa
los vencedores.

Sus luengas sombras al caer la lumbre
cubrían de piedad a los vencidos;
era como una tregua;
el sol moría.

Con las armas rendidas contemplaban
—el asombro en sus ojos y sus pechos—
encima de las ruinas
un hombre solo.

Tiene en la diestra el puño de una espada,
de una bandera el asta en la siniestra,
rodó la hoja al suelo,
voló la tela.

Sus ojos reverberan del poniente
donde el sol se enterró, los arreboles,
sangre hecha luz del campo,
sangre del cielo.

Contempla ante sus pies los caballeros
que serán pronto dueños de su tierra,
y con su Dios hablando
grita: ¡vencimos!

Los arreboles fúndense en ceniza,
nacen estrellas tras la nube de humo,
y al asta y puño asido
rueda el postrero.

Doblan los vencedores sus rodillas,
de entre las ruinas álzase la luna,
y es su blancura el riego
de la victoria.

***

El aventurero sueña

Soñó la vida en la llanura inmensa
bajo el cielo bruñido
como un espejo,
la soñó inacabable y reposada
llevando el mundo todo
dentro del pecho.

Y al contemplar en el ocaso sierras
de nubes encendidas,
soñó su esfuerzo
que más allá se abrían nuevos mundos
encendidos, cual nubes,
todo portentos.

Mundos de oro, de rojo, de vestiglos,
que muy pronto en ceniza
verá deshechos,
cuando sus ojos infinitos abra
al despertar, de noche,
su padre el cielo.

Y más allá también de las estrellas
soñó valles recónditos
de un mundo eterno,
un mundo de oro líquido en que el alma

cobra frescor de vida
del mismo fuego.

Su corazón sentíase abrumado
de los henchidos siglos
so el duro peso,
peladas sierras de mortal fatiga
llevaba su alma a cuestas,
de nacimiento.

Y se dejó mecer al dulce arrullo
que en la serena noche
llega en secreto
de la bóveda toda, a quien contempla
de sus millones de ojos
el parpadeo.

Y al resplandor de la preñada luna
vio perderse los páramos
blancos y yermos
allá en las nubes, y arrancar desde estas
de Santiago el camino
con rumbo al cielo.

Cielo, nubes y tierra, todo uno
le reveló la luna
—¡mágico espejo!—
todo ceniza que algún día en polvo
volverá para siempre
de Dios al seno.

***

El regazo de la ciudad

Es, mi ciudad dorada, tu regazo
como el regazo amado en que reside
el corazón que por el nuestro late;
regazo de sosiego

preñado de inquietudes,
sereno mar de abismos tormentosos.

En él se vive en paz soñando guerra;
las horas en silencio
dejan oír la voz con que nos llama
la eternidad a la abismal congoja.

Es mi ciudad dorada tu regazo
un regazo de amor todo amargura,
de paz todo combate
y de sosiego en inquietud basado.

***

En la catedral vieja de Salamanca

*Sancta Ovetensis, Pulchra Leonina,
Dices Toletana, Fortis Salmantina.*

Sede robusta, fuerte *Salmantina*,
tumba de almas, dura fortaleza,
siglos de soles viste
dorar tu torre.

Dentro de ti brotaron las plegarias
cual verdes palmas aspirando al cielo
y en rebote caían
desde tus bóvedas.

Este el hogar de la ciudad fue antaño;
aquí al alzarse en oblación la hostia,
con las frentes dobladas
y de rodillas,

temblando aun los brazos de la lucha
contra el infiel, sintieron los villanos
en sus ardidos pechos
nacer la patria.

Mas hoy huye de ti la muchedumbre
y tan solo uno y otro, sin mirarse,
buscan en ti consuelo
o tal vez sombra.

Templo esquilmado por un largo culto
que broza y cardo solo de sí arroja,
tras de barbecho pide
nuevo cultivo.

Solo el curioso turba tu sosiego,
de estilos disertando entre tus naves,
pondera tus columnas
elefantinas.

El silencio te rompe de la calle
viva algazara y resonar de turbas,
es el salmo del pueblo
que se alza libre.

Libre de la capucha berroqueña
con que fe berroqueña lo embozara,
libre de la liturgia,
libre del dogma.

¡Oh, mortaja de piedra, ya ni huesos
quedan del muerto que guardabas, polvo
por el soplo barrido
del Santo Espíritu!

Ellos sin templo mientras tú sin fieles,
casa vacía tú y fe sin casa
la nueva fe que a ciegas
al pueblo empuja.

En tus naves mortal silencio, y frío,
y en las calles, sin bóvedas ni arcadas,
calor, rumor de vida
de fe que nace.

Las antiguas basílicas, las regias
salas de la justicia ciudadana
brindáronle su fábrica
del Verbo al culto.

Y el Espíritu Santo que en el pueblo
va a encarnar, redentor de las naciones,
¿donde hallará basílica,
de sede regia?

Quiera Dios, vieja sede salmantina,
que el pueblo tu robusto pecho llene,
florezca en tus altares
un nuevo culto,

y tu hermoso cimborrio bizantino
se conmueva al sentir como su seno
renace oyendo en salmo
la Marsellesa.

***

Hermosura

¡Aguas dormidas,
verdura densa,
piedras de oro,
cielo de plata!

Del agua surge la verdura densa,
de la verdura
como espigas gigantes las torres
que en el cielo burilan
en plata su oro.
Son cuatro fajas:
la del río, sobre ella la alameda,
la ciudadana torre
y el cielo en que reposa.
Y todo descansando sobre el agua,
fluido cimiento,

agua de siglos,
espejo de hermosura.
La ciudad en el cielo pintada
con luz inmoble;
inmoble se halla todo,
el agua inmoble,
inmóviles los álamos,
quietas las torres en el cielo quieto.
Y es todo el mundo;
detrás no hay nada.
Con la ciudad enfrente me hallo solo
y Dios entero
respira entre ella y yo toda su gloria.
A la gloria de Dios se alzan las torres,
a su gloria los álamos,
a su gloria los cielos
y las aguas descansan a su gloria.
El tiempo se recoje;
desarrolla lo eterno sus entrañas;
se lavan los cuidados y congojas
en las aguas inmobles,
en los inmobles álamos,
en las torres pintadas en el cielo,
mar de altos mundos.
El reposo reposa en la hermosura
del corazón de Dios que así nos abre
tesoros de su gloria.
Nada deseo,
mi voluntad descansa,
mi voluntad reclina
de Dios en el regazo su cabeza
y duerme y sueña...
Sueña en descanso
toda aquesta visión de alta hermosura.
¡Hermosura! ¡Hermosura!
Descanso de las almas doloridas
enfermas de querer sin esperanza.
¡Santa hermosura,
solución del enigma!
Tú matarás la Esfinge,
tú reposas en ti sin más cimiento;

Gloria de Dios, te bastas.
¿Qué quieren esas torres?
ese cielo ¿qué quiere?
¿qué la verdura?
¿y qué las aguas?
Nada, no quieren;
su voluntad muriose;
descansan en el seno
de la Hermosura eterna;
son palabras de Dios limpias de todo
querer humano.
Son la oración de Dios que se regala
cantándose a sí mismo,
y así mata las penas.

***

La noche cae, despierto,
me vuelve la congoja,
la espléndida visión se ha derretido,
vuelvo a ser hombre.
Y ahora dime, Señor, dime al oído:
¿tanta hermosura
matará nuestra muerte?

***

El Cristo de Cabrera

(Recuerdo del 21 de mayo de 1899)

¡Valle de selección en que el silencio
melancolía incuba,
asilo de sosiego,
crisol de la amargura,
valle bendito,
solitario retiro
del Cristo de Cabrera,
tu austera soledad bendita sea!
La encina grave

de hoja oscura y perenne
que siente inmoble
la caricia del aire,
derrama austeridad por el ambiente,
y como en mar, allá, del horizonte
en el confín se pierde...
¡Ay, quién me diera
libre del tiempo,
en tu calma serena
descansar renunciando a todo vuelo,
y en el pecho del campo
bajo la encina grave
en lo eterno alma mía, asentarte
a la muerte esperando!
Aquí el morir un derretirse dulce
en reposo infinito debe ser,
en el río que fluye
del mar eterno,
un henchirse en su seno
de vida soberana,
en que se anega el alma,
un retorno a la fuente del ser...
¡Oración mística
del ámbito allí se alza silenciosa,
resignación predica
e inconsciente esperanza la campiña,
allí callan las horas
suspensas del silencio
bajo el misterio,
voz de la eternidad!
Mana cordial tristeza
de la difusa luz que de la encina
el ramaje tamiza
y es la tristeza
calma serena.
Del Cristo la capilla,
humilde y recojida,
las oraciones del contorno acoje;
es como el nido
donde van los dolores
a dormir en los brazos del Cristo.

Del sosegado valle
el espíritu suave
cual celestial rocío en el santuario
cuaja invisible;
es el alma del campo
que a su vez culto rinde
del Hombre al Hijo,
diciendo a su manera
con misterioso rito
que es cristiana también Naturaleza.

***

La noche de la cena
con el alma del hombre
henchida hasta la muerte de tristeza,
se retiró Jesús como a oratorio
del olivar al monte,
y allí puesto de hinojos
y en él el Hombre y Dios en recia lucha
pidió a su Padre le apartara el vaso
de la amargura,
hasta que al fin sumiso
vencedor del combate soberano,
manso cordero, dijo:
"¡Mi voluntad no se haga, mas la tuya!".
Bajó entonces del cielo
a confortarle un ángel
y en las angustias del dolor supremo
sudó gotas de sangre,
gotas que descendían a la tierra,
a la tierra, su madre,
las entrañas bañándola en tristeza
y en zumo de pesares.
Por eso cuando el sol en el ocaso
se acuesta lento,
como perfume espiritual del campo
sube místico rezo,
que es como el eco
que de los siglos al través repite

el resignado ruego
¡de la pobre alma hasta la muerte triste,
de aquel sudor de sangre es el incienso!
Allí en Cabrera,
al caer de la tarde
al corazón acude aquella escena
del más fecundo duelo,
mientras desciende al valle
¡santo sosiego!
Rústica imagen
de foco sirve
a los anhelos de la pobre gente
que al conjuro sutil de aquel paraje
concurre triste
a cerner sus pesares
del encinar en la quietud solemne,
o rebosando gozo,
de la promesa en alas,
para rendir de gratitud el voto
acude consolada.
No es de tal imagen ni aún trasunto vago
del olímpico cuerpo que forjaron
los que con arte y juego
poema hicieron de la humana forma,
sino torpe bosquejo
de carne tosca
con sudor amasada del trabajo
en el molde de piedra
sobre la dura tierra.
Aquella fealdad y grosería
de pobre monstruo humano
que en sí el fruto recoje
que los vicios sembraron de los hombres,
honda piedad inspiran
al pobre Cristo
amasado con penas,
al Cristo campesino
del valle de Cabrera.
Del leño a que sus brazos
están clavados,
penden de exvotos cintas

y pinturas sencillas
que en tosquedad al Cristo se aparejan
en la cámara ostentan
sencilla fe.
¡Cuántos del corazón al cáliz vivo,
de congojas henchido,
llevaron a sus pies cual pía ofrenda,
la más preciada y tierna,
y rebasó la pena,
y en llanto se vertió!
¡Cuántos bajo el mirar de aquella imagen,
mirar hierático,
dulce efluvio sedante
sintieron que sus penas adormía
y que el divino bálsamo
tornábales al sueño de la vida
a la resignación!
Y al salir de la ermita,
al esplendor del campo,
llevando en la retina
del tosco Cristo los tendidos brazos,
soñar debieron en borroso ensueño
que desde el alto cielo
lleno de paz,
el Amor que en su seno recojiera
del mundo las flaquezas,
del trabajo las penas,
¡a posarse piadoso bajo al suelo
y abrazó al campo con abrazo tierno
el infinito Amor!

***

CATALUÑA

***

La catedral de Barcelona

A Juan Maragall, nobilísimo poeta.

La catedral de Barcelona dice:

Se levantan, palmeras de granito,
desnudas mis columnas; en las bóvedas
abriéndose sus copas se entrelazan,
y del recinto en torno su follaje
espeso cae hasta prender en tierra,
desgarrones dejando en ventanales,
y cerrando con piedra floreciente
tienda de paz en vasto campamento.
Al milagro de fe de mis entrañas
la pesadumbre de la roca cede,
de su grosera masa se despoja
mi fábrica ideal, y es solo sombra,
sombra cuajada en formas de misterio
entre la luz humilde que se filtra
por los dulces colores de alba eterna.
Ven, mortal afligido, entra en mi pecho,
entra en mi pecho y bajaré hasta el tuyo;
modelarán tu corazón mis manos,
—manos de sombra en luz, manos de madre—

convirtiéndolo en templo recojido,
y alzaré en él, de nobles reflexiones
altas columnas de desnudo fuste
que en bóvedas de fe cierren sus copas.
Alegría y tristeza, amor y odio,
fe y desesperación, todo en mi pecho
cual la luz y la sombra se remejen,
y en crepúsculo eterno de esperanza
se os llega la noche de la muerte
y os abre el Sol divino, vuestra fuente.
Cuerpo soy de piedad, en mi regazo
duermen besos de amor, empujes de ira,
dulces remordimientos, tristes votos,
flojas promesas y dolores santos.
Dolores sobre todo; los dolores
son el crisol que funde a los mortales,
mi sombra es como místico fundente,
la sombra del dolor que nos fusiona.
Aquí bajo el silencio en que reposo,
se funden los clamores de las ramblas,
aquí lava la sombra de mi pecho
heridas de la luz del cielo crudo.
Recuerda aquí su hogar al forastero,
mi pecho es patria universal, se apagan
en mí los ecos de la lucha torpe
con que su tronco comunal destrozan
en desgarrones fieros los linajes.
Rozan mi pétreo seno las plegarias
vestidas con lenguajes diferentes
y es un susurro solo y solitario,
es en salmo común una quejumbre.
Canta mi coro en el latín sagrado
de que fluyeron los romances nobles,
canta en la vieja madre lengua muerta
que desde Roma, reina de los siglos,
por Italia, de gloria y de infortunio
cuna y sepulcro, vino a dar su verbo
a esta mi áspera tierra catalana,
a los adustos campos de Castilla,
de Portugal a los mimosos prados,
y al verde llano de la dulce Francia.

Habita en mí el espíritu católico,
y es de Pentecostés lengua mi lengua,
que os habla a cada cual en vuestro idioma,
los bordes de mi boca acariciando
de vuestros corazones los oídos.
Funde mi sombra a todos, sus colores
se apagan a la luz de mis vidrieras;
todos son uno en mí, la muchedumbre
en mi remanso es agua eterna y pura.
Pasan por mí las gentes, y su masa
siempre es la misma, es vena permanente,
y si cambiar parece allá en el mundo
es que cambian las márgenes y el lecho
sobre que corre en curso de combates.
Venid a mí cuando en la lid cerrada
al corazón os lleguen las heridas.
es mi sombra divino bebedizo
para olvidar rencores de la tierra,
filtro de paz, eterno manadero
que del cielo nos trae consolaciones.
Venid a mí, que todos en mí caben,
entre mis brazos todos sois hermanos,
tienda del cielo soy acá en la tierra,
del cielo, patria universal del hombre.

***

Tarrasa

16 X 1906.

Nuestros ojos volviéronse encantados
en pos de aquel hechizo;
brotó de entre las fábricas
un lirio humano.
Sus líneas que a la tierra
con libre y noble ondulación bajaban
iban cortando en triunfo de la vida
los serviles trazados
de las viviendas.

Toda de negro, en los despiertos ojos
la conciencia serena
del futuro esplendor de la corola
aun envuelta en capullo.
Mecíase en el suelo
cortando el aire manso,
sobre tobillos de mimbreño fuste
y a su paso la tierra
perdía el peso.

Era su cuerpo un canto de promesas,
un canto de esperanza;
con libre y noble ondulación sus notas
bajaban a la tierra
o desde esta surgiendo
mecíanse en el aire sosegado.
Era la niña
un lirio humano henchido de promesas,
un canto de esperanza.
Y al perderla de vista
sin duda para siempre
me dije alzando el corazón al cielo:
Gracias, Señor, en nombre de mi patria,
mientras tú nos regales
con flores de hermosura
florecerá en nosotros la esperanza;
esta ha sido señal de tu clemencia,
de que nos quieres;
esta ha sido señal de que tu mano
eterna fuente de hermosura viva,
nos lleva en dulce toque,
suave como las líneas ondulantes
de este dulce capullo de Tarrasa,
hacia nobles destinos.

***

L'aplec de la protesta

Barcelona, 21 X 1906

Fundiéronse en el aire las palabras
de los tribunos,
resonó el circo en un batir de palmas
—*l'aplec de la protesta*—
luego brotó un pañuelo
y al punto se pobló la gradería
de blancas flámulas.
Diríase una banda de gaviotas
después de haber posado a flor de océano
cuando alza el vuelo
y un momento se agita a ras del agua,
templando la partida.
En el cuello del pecho un nudo todos
sintieron repentino,
y el picor en los ojos de las lágrimas
por pudor contenidas.
"¡Oh, que es hermoso!",
exclamaban blandiendo sus pañuelos,
"¡oh, que es bonito!".
Fue el triunfo de la estética
¡el espectáculo!
"¡Oh, que es hermoso!",
y cebaban sus ojos conmovidos
en aquella nevada
como de grandes pétalos de lirio.
"¡Oh, que es hermoso!",
y los blancos pañuelos protestaban
en *aplec* de protesta.
"¡Oh, que es bonito!", y ve, la muchedumbre
vacía sus sentires
en esa voz de triunfo.
¡Todo un momento, sí, todo un momento
una impresión de vida,
de vida volandera;
los sentidos gozaron un regalo,
fiesta para los ojos,
sardana de pañuelos agitados,

fusión de las miradas
en un solo momento de hermosura...
fue la protesta!
Y allí acabó, sumida en el momento,
allí se deshojó su flor brillante,
la flor de la protesta;
sus blancos pétalos
se agitaron por cima del océano
de las cabezas,
del mar de corazones por encima,
se ajaron luego...
Momento de hermosura... ¡bien! ¿y el fruto?

Y al salir en el río de la gente
bajo el cielo a que lavan lagoteras
brisas del mar latino
sentí en mi pecho
la voz grave del mar de mi Vizcaya,
la que brizó mi cuna,
voz que decía:
¡seréis siempre unos niños, levantinos!
¡os ahoga la estética!

***

VIZCAYA

***

Las montañas de mi tierra
en el mar se miran,
y los robles que las visten
salina respiran.

De mi tierra el mar bravío
briza a las montañas,
y ellas se duermen sintiendo
mar en las entrañas.

¡Oh, mi Vizcaya marina
tierra montañesa,
besan al cielo tus cumbres
y el mar te besa!

Tu hondo mar y tus montañas
llevo yo en mí mismo,
copa me diste en los cielos
raíz en el abismo.

***

En la Basílica del Señor Santiago de Bilbao

El martes de Semana Santa, 10 de abril de 1906

Entré llevando lacerado el pecho,
convertido en un lago de tormenta,
entré como quien anda y no camina
como un sonámbulo;

entré fuera de mí y de tus rincones
brotó mi alma de entonces y a cantarme
tus piedras se pusieron mis recuerdos
de anhelos íntimos.

Bajaron compasivas de tus bóvedas
las oraciones de mi infancia lenta
que allí anidaran y en silencio a mi alma
toda ciñéronla.

Aquí soñé de niño, aquí su imagen
debajo de la imagen de la Virgen
me alumbró el corazón cuando se abría
del mundo al tráfago.

Aquí soñé mis sueños de la infancia,
de santidad y de ambición tejidos,
el trono y el altar, el yermo austero,
la plaza pública.

Soñé sueños de gloria, ya terrena
ya celestial, en tanto que sus ojos
mi ambición amansaban y encendían
amonestándome.

Aquí lloré las lágrimas más dulces
más limpias y fecundas, las que brotan
del corazón que cuando en sí no coje
revienta en lágrimas.

Aquí anhelé el anhelo que se ignora,
aquí el hambre de Dios sentí primero,

aquí bajo tus piedras confidentes
alas brotáronme.

Aquí el misterio me envolvió del mundo
cuando a la lumbre eterna abrí mis ojos
y aquí es donde primero me he sentido
solo en el páramo.

Aquí en el Ángel de tu viejo claustro
me hacían meditar a la lectura
de un Kempis que leía en voz gangosa
un pobre clérigo.

Nadie le oía y al austero hechizo
del zumbar monótono del armonio
que nos mecía el alma, cada uno
le daba pábulo.

Y brizado en el canto como el niño
Moisés del Nilo en las serenas aguas
a ser padre del pueblo iba en su cuna
durmiendo plácido,

dormido en las armónicas corrientes
cruzaba los desiertos de la Esfinge
en su cuna y en pos de su destino
mi pobre espíritu.

Aquí bajo tus piedras que adurmieron
los pesares de cien generaciones
de hijos de este Bilbao de mis entrañas
gusté al Paráclito.

Aquí lloraron ellos, en sus luchas
revueltas, suplicaron en los días
en que a tus puertas derramaban sangre
de rabia lívidos.

Este su asilo fuera en las candentes
peleas de los bandos y el empuje

de sus oleadas de pasión rompía
contra tu pórtico.

Madre de la Piedad, dulce patrona,
llorando aquí vinieron a pedirte
pidieras al Señor dura venganza
viudas y huérfanos.

Y venganza clamaban contemplando
sobre el altar, en su corcel brioso,
al Apóstol blandir, del Trueno Hijo,
su espada fúlgida.

Aquí en torno de ti, en las *machinadas*
rugió la aldeanería sus rencores,
mientras, isla, te alzabas por encima
del mar de cóleras.

Aquí bajo el silencio de tus piedras
mientras la nieve se fundía en sangre
siguió a la noche triste de Luchana
Tedeum de júbilo.

Y aquí más tarde cuando ya mi mente
se abría al mundo, resonó de nuevo
al verte libre en alborear de mayo,
la gloria cívica.

Aquí mientras cruzaba el mar el buque
del mercader, trayendo la fortuna,
venía él a pedir propicios vientos
para su tráfico.

Y aquí han llorado muchos su ruina
y aquí han venido, oh, Madre dolorosa,
a preguntarte el pan para sus hijos
dónde buscárselo.

Aquí bajo tus piedras confidentes
mientras el cielo en lluvia se vertía,

vertieron en secreto sus pesares
tus hijos míseros.

Tú sabes los dolores que murieron,
tú las tragedias que tragó la tumba,
en ti de mi Bilbao duerme la historia
sueño enigmático.

Y hoy al entrar en ti siento en mi pecho
luchas de bandos y civiles guerras,
y con rabia de hermanos se desgarran
en mí mis ímpetus.

Y la congoja el corazón me oprime
al ver como al bajel de mi tesoro
lo envuelve la galerna mientras cruza
de Dios el piélago.

Oh, mi Bilbao, tu vida tormentosa
la he recojido yo, tus banderizos
junto a tus mercaderes en mi alma
viven sus vértigos.

Dentro en mi corazón luchan los bandos
y dentro de él me roe la congoja
de no saber dónde hallará mañana
su pan mi espíritu.

Vives en mí, Bilbao de mis ensueños,
sufres en mí, mi villa tormentosa,
tú me hiciste en tu fragua de dolores
y de ansias ávidas.

Como tu cielo es el de mi alma triste
y en él llueve tristeza a fino orvallo,
y como tú entre férreas montañas,
sueño agitándome.

Y no encuentro salida a mis anhelos
sino hacia el mar que azotan las galernas

donde el pobre bajel de mi tesoro
zozobra náufrago.

Por eso vengo a ti, santa basílica,
que al corazón gigante de mi pueblo
diste para aplacarle de tus naves
la calma gótica.

Yo soy mi pueblo, templo venerando,
aplaca mis congojas, adormece
este sufrir, para que así consiga
seguir sufriéndolo.

Hazlo y te juro yo con mis dolores
levantar a mi pueblo por los siglos
donde sus almas tormentosas canten
otra basílica.

Y tal vez cuando tú rendida entregues
tus piedras seculares a mi tierra
la altiva flecha de mi templo entorne
tus glorias últimas.

***

Las magnolias de la Plaza Nueva de Bilbao

¡Mi Plaza Nueva, fría y uniforme
cuadrado patio de que el arte escapa
mi Plaza Nueva puritana y hosca
tan geométrica!

Tus soportales fueron el abrigo
de mis vagas visiones juveniles
mientras el cuadro de tu pardo cielo
llovía lúgubre.

En ti a la edad en que el imberbe mozo
ternuras rima, yo en mi mente ansiosa

con abstrusos conceptos erigía
severa fábrica.

Dando vueltas en ti, nunca lo olvido,
discutía del todo y de la nada,
del principio primero de las cosas
y del fin último.

Entre tus casas orvallaba triste
como si al mundo el cielo aleccionase;
era tu cielo un cielo, hoy lo comprendo,
muy metafísico.

En torno a aquel estanque de las ranas
de metal vomitando el agua a chorros
se alzaban desterradas las magnolias
soñando a América.

Llegaba primavera con sus flores
y el perfume, recuerdo de la selva,
a embalsamar el patio despedían
las blancas ánforas.

Tiritando las pobres bajo el terco
orvallo, con los trinos se adormían
que entre el verdor de su follaje alzaban
cientos de pájaros.

Así, bajo el tedioso *sirimiri*
que hizo en mi alma caer la parda lógica
florecieron magnolias que soñaban
la patria mística.

Y me dieron perfumes de la selva
nunca hollada, y los pájaros celestes
bajaron a cantarme en su verdura
de amores trémulos.

Mi Plaza Nueva, fría y uniforme,
cuadrado patio de que el arte escapa,

mi Plaza Nueva, puritana y hosca,
¡mi metafísica!

***

Árbol solitario
se alza en campo yermo,
desafía las iras
del rayo del cielo.
La tormenta cuajó y suelto el rayo
tronchó del árbol el robusto tronco,
¡ay del árbol solo
que en un campo yermo
desafía las iras
del rayo que es ciego!

***

CANTOS

***

A la libertad

"¡Libertad! ¡Libertad!", sonó en los cielos
mas no en el seno oscuro de la Tierra,
cayéronsele al siervo las esposas,
rotas no, sino sueltas.

De las manos cayéronle, y del suelo
la Ley las recojió, piadosa y seria,
le ató los pies con ellas, hechas grillos,
y quedó satisfecha.

Mientras no suene el grito en lo profundo
del seno inviolado de la Tierra,
andarás, Libertad, tú por los cielos
y tu esclavo a la gleba.

Libertad, Libertad, si quieres libres
a tus esclavos, date tú por presa,
baja del cielo y de la pobre Madre
en las entrañas entra.

Mientras la Tierra cotos sufra y vallas,
y los campos de Dios sean dehesa

irán sus hijos con las manos libres
y arrastrando cadenas.

Baja del cielo, Libertad sagrada,
hazte carne en el seno de la Tierra,
y entre dolor y sangre un día hermoso
nos nacerás entera.

Ven, redentora, fuente de esperanzas,
la pobre Madre con afán te espera,
ven, hinche pronto su regazo santo
y tráenos vida nueva.

Día de redención, de amor, de gloria,
será el día del parto, en primavera,
y de sangre y dolor, de sol y vida,
cuando tú te hagas nuestra.

¡Baja del cielo, Libertad sublime,
y humillándote al mundo hazte terrena,
rompe los grillos del derecho infame,
y ensánchanos la Tierra!

***

La flor tronchada

Como a la tierra con el corvo arado
así el seno a la humana compañía
desgarrad sin flaqueza abriendo surcos,
aunque tronchadas las heridas flores
caigan a la honda huesa
y allí, podridas, sirvan para abono,
o de alimento al roedor gusano
que carcome raicillas ignorante
de que al dejar la cárcel del invierno
vida de amor le espera y luz celeste.
Revolved los terrones, soterrando
los que gozan del sol, en las tinieblas,
y a recibir el beso de la brisa

a su vez suban los que están sepultos
de la tierra en los senos más ocultos.

Cuando concluye el labrador cansado
de remover la tierra,
el grano siembra y lo confía al cielo,
al sol benigno y a la rica lluvia.
Así, cuando sus senos desgarrados
muestre y el flanco herido
la compañía humana
sembrad semillas de la Idea en ella
y brotarán lozanas.
Las que echéis en el campo apelmazado
de la ordenada sociedad tranquila
se pudren infecundas,
o prenden solitarias
para morir a la ardorosa lumbre
que da la muerte, como da la vida,
o son pasto de pájaros glotones,
los que viven del grano
que sembró con afán ajena mano.

La simiente en los surcos derramada
será pronto regalo de la vista,
lago ondulante de verdura fresca,
salpicado de rojas amapolas
en que la brisa resbalando suave
templa del sol la agostadora huella.
Dora la espiga cuando su hora viene,
cuaja su jugo en apretado grano,
siégalo la guadaña
y triturado en el molar de piedra
nos da la flor del pan.
Polvo también de sustanciosa harina
las granadas ideas han de darnos
cuando tras siega de cortante estudio
desde el campo sereno en que nacieron
las lleven al molino fragoroso,
de encendidas pasiones populares
para heñidas más luego
con el agrio fermento en pan se yelden,

con el fermento de la fe robusta
en pan vivificante.
La idea aprisionada dentro el vaso
de cascabillo lógico
no da al pueblo alimento
que en la lucha le sirva de sustento.

Cuando en el campo en que la mies ondea
al descansar de la labor fecunda
partáis el pan de vida,
manjar que nos preparan de consuno
naturaleza y arte,
alzadlo hacia la bóveda serena
de aire vital henchida,
cual en liturgia de piadoso afecto,
y rebosando el corazón confianza
bendecid al Señor;
al Padre que el sustento nos regala,
al Padre que el espíritu nos riega
con agua de piedad y de consuelo;
bendecid al Señor
que reparte la lluvia y el pedrisco,
rocíos y tormentas
tibio fomento o pertinaz sequía;
bendecid al Señor,
de piedad misteriosa eterna Fuente
que hartura y escasez nos distribuye,
segador de los hombres
para en sus trojes cosechar las almas
cuando a sazón alcancen,
y en luchas y trabajos bien cernida
sacar simiente de más honda vida.

Allá en el alto cielo donde cuajan
como nubes los dones
que al impío le llueven
lo mismo que al piadoso,
nuestra pobre piedad no tiene asiento
ni llega la justicia de los hombres.
Justicia y compasión allí son uno,
alta justicia eterna,

misterio santo de insondable fondo.
Acatadlo con fe sincera y limpia,
y cuando abráis los surcos con la reja
revolviendo a los hombres,
al quebrantar su apelmazado enlace,
poneos en la mano omnipotente,
del Padre del Amor, Sol de las almas
que destruyendo crea
y creando destruye,
Labrador Soberano de los mundos
que lleva la mancera del Destino,
de la Justicia eterna
que tritura cual muela poderosa
el orden que los hombres proclamamos
sirviendo al misterioso ordenamiento
que nos tiene celado su cimiento.

Lucha es la vida y el arado es arma,
arma la reja de la odiada idea.
Para luchar, por tanto con porfía,
sin odio y sin blandura,
compadeciendo el daño que causemos
tronchando flores al abrir el surco,
te pedimos nos des con mano pródiga
Fe, Esperanza y Amor,
¡oh, Padre del Amor, Sol de las almas,
Labrador Soberano de los mundos
que llevas la mancera del Destino,
que destruyendo creas
y creando destruyes
y trituras cual muela poderosa
el orden que los hombres proclamamos!
¡Amor para luchar, Sol de las almas!
Acoje a los que al surco caen tronchados
muertos en flor, sin haber dado fruto,
y danos para abrirlo valentía,
¡Labrador Soberano de los mundos!
¡Que amemos al vencido
venciéndole en la lucha con amor!
¡Que al morir desgarrada por mi reja
la pobre flor del campo,

el perfume que espira
y con qué aroma el hierro que la hiere
de piedad fraternal me llene el alma;
que se asiente serena nuestra lucha,
cual un deber de vida,
sobre conciencia de rencor purgada,
sobre lecho de paz!
Tú, Señor, asentaste
los giros y revueltas de los orbes
sobre quietud robusta;
diste la eternidad por fundamento
al incesante curso de las horas,
el silencio solemne
a los serenos ecos y fragores
con que el aire resuena,
e hiciste a las tinieblas
dormido mar sin fondo y sin orillas
sobre que rueden de tu luz las olas.
Tú, Señor Soberano,
Padre eterno de Amor, Sol de las almas,
con los choques discordes
de la lucha tenaz por la existencia
entretejes la trama
de la armonía cósmica,
calma sacando de agitado curso,
silencio del fragor de la pelea,
eternidad del fugitivo tiempo.
¡Amor, eterno Amor!
¡Danos fecundo amor hacia el vencido,
únenos en la lucha en los contrarios
asentando en la paz nuestras batallas,
batallas de la paz!
Que rendidos en tierra,
al morir bendigamos nuestra suerte;
que del empeño mismo del combate
brote la compasión del combatiente;
que aceptemos cual ley de la conciencia
tu altísimo mandato
de pelear sin tregua ni reposo,
elevando, viriles, el destino
a íntima libertad de orden divino.

Acoje nuestros ruegos,
Padre de eterno Amor, Sol de las almas,
origen primordial de la contienda
que a los orbes sostiene y vivifica,
de la empeñada lucha
que en alta paz culmina,
así como de paz también arranca.
Labrador Soberano de los mundos
que llevas la mancera del Destino,
Segador incansable de las almas,
que en la criba de luchas y trabajos
entresacas Señor,
de una mies de sustancia corrompida
rica simiente de más honda vida,
¡vida de eterno Amor!

***

Al sueño

¡Dueño amoroso y fuerte,
en los reveses de la ciega suerte
y en los combates del amor abrigo,
del albedrío dueño,
del alma enferma cariñoso amigo,
fiel y discreto sueño!
Eres tú de la paz eterna y honda
del último reposo
el apóstol errante y misterioso
que en torno nuestro ronda
y que nos mete al alma
cuando luchando por vivir padece,
la dulce y santa calma
que a la par que la aquieta la enardece.
Al débil das escudo,
robusto y bien ceñido,
para el combate rudo,
¡el escudo compacto del olvido!
Fortificas al fuerte
dando a su vida fuerzas de la muerte.

Tú con tierno cariño
nos meces en tu seno
como la madre al niño,
cantándonos canciones
con suave ritmo de caricias lleno,
y cuando llega tu hora,
jadeantes se tienden las pasiones
a dormir a tu sombra bienhechora.

En tu divina escuela,
neta y desnuda y sin extraño adorno
la verdad se revela,
paz derramando en torno;
al oscuro calor de tu regazo,
contenta y recojida,
como el ave en su nido,
libre de ajeno lazo,
desnuda alienta la callada vida
acurrucada en recatado olvido,
lejos del mundo de la luz y el ruido,
lejos de su tumulto
que poco a poco el alma nos agota,
en el rincón oculto
en que la fuente de la calma brota.

De tu apartado hogar en el asilo
como una madre tierna
da en su pecho tranquilo
al hijo dulce leche nutritiva,
tú nos das la verdad eterna y viva
que nos sostiene el alma,
la alta verdad augusta,
la fuente de la calma
que nos consuela de la adversa suerte,
la fe viva y robusta
de que la vida vive de la muerte.

Cuando al que sirve sin rencor ni dolo
del ideal en el combate duro
puesta la vista en el confín futuro,
a la verdad tan solo,

le dejan solo en la tenaz porfía,
tú no le dejas,
tú le sirves de atenta compañía,
tú con voz silenciosa le aconsejas,
y en horas de tristeza
le das tu soledad por fortaleza.

Cual se lanzan ruidosos los torrentes
de escarpadas montañas
por abruptas vertientes
a descansar del lago en las entrañas
donde en mullido lecho
los despojos que arrastran de desecho
son de vidas innúmeras la cuna,
así nuestras pasiones
arrastran a tu lecho, sueño manso,
perdidas ilusiones
que a favor del remanso
entretejen en ti una isla vaga,
isla de libertad y de descanso,
retiro de la maga
soberana señora fantasía
que da cuerpo y figura
a cuanto el pecho ansía,
sacando de tu hondura
en la dulce visión sin consistencia,
consuelo de la mísera existencia.
Eres el lago silencioso y hondo
de reposada orilla,
el lago en cuyo fondo
descansa del desgaste el sedimento,
donde toda mancilla
se purga a curso lento
y en que por magia de sutil mudanza
se convierte en recuerdo la esperanza.

Cuando se acuesta el sol en el ocaso
deja tras su carrera
vibrando luminoso en la alta esfera
el áureo polvo de su augusto paso,
polvo que lento posa

en las faldas oscuras
de la noche callada y tenebrosa;
y allá por las alturas
del infinito, abriéndose encendida
la creación augusta se revela
en campo sin medida
que con engaño el sol de día cela
al mostrarnos cual sólida techumbre
que a nuestro mundo encierra
el insondable mar del firmamento
en que esta pobre tierra
se pierde en la infinita muchedumbre
de los mundos sin cuento.
Al disiparse así en tu regazo
el sol de la vigilia engañadora,
¡oh, sueño!, ¡mar sin fondo y sin orilla!
mundos sin cuento surgen de tu seno
en que palpita y brilla
la creación del alma soñadora,
en campo tan sereno
cual el del cielo en noche recojida
que a la oración convida,
y brotan a lo lejos
de remotas estrellas ideales
los pálidos reflejos,
envolviéndose en magia soberana
el fondo eterno de la vida humana.

¡Dueño amoroso y fuerte
en los reveses de la ciega suerte,
y en los combates del amor abrigo,
del albedrío dueño,
del alma enferma cariñoso amigo,
fiel y discreto sueño!
Acójenos con paz entre tus brazos,
rompe con puño fuerte,
del sentido los lazos
¡apóstol de la muerte!
¡Pon tu mano intangible y redentora
sobre el pecho que llora,

y danos a beber en tu bebida
remedio contra el sueño de la vida!

∗∗∗

SALMOS

***

A Mr. Everett Ward Olmsted

Mi amigo

***

Salmo I

Éxodo XXXIII 20

Señor, Señor, ¿por qué consientes
que te nieguen ateos?
¿Por qué, Señor, no te nos muestras
sin velos, sin engaños?
¿Por qué, Señor, nos dejas en la duda,
duda de muerte?
¿Por qué te escondes?
¿Por qué encendiste en nuestro pecho el ansia
de conocerte,
el ansia de que existas,
para velarte así a nuestras miradas?
¿Dónde estás, mi Señor; acaso existes?
¿Eres tú creación de mi congoja,
o lo soy tuya?
¿Por qué, Señor, nos dejas

vagar sin rumbo
buscando nuestro objeto?
¿Por qué hiciste la vida?
¿Qué significa todo, qué sentido
tienen los seres?
¿Cómo del poso eterno de las lágrimas,
del mar de las angustias,
de la herencia de penas y tormentos
no has despertado?
¿Señor, por qué no existes?
¿dónde te escondes?
Te buscamos y te hurtas,
te llamamos y callas,
te queremos y Tú, Señor, no quieres
decir: ¡vedme, mis hijos!
Una señal, Señor, una tan solo,
una que acabe
con todos los ateos de la tierra;
una que dé sentido
a esta sombría vida que arrastramos.
¿Qué hay más allá, Señor, de nuestra vida?
Si Tú, Señor, existes,
¡di por qué y para qué, di tu sentido!
¡Di por qué todo!
¿No pudo bien no haber habido nada
ni Tú, ni mundo?
¡Di el porqué del por qué, Dios de silencio!
Está en el aire todo,
no hay cimiento ninguno
y todo vanidad de vanidades.
"Coje el día", nos dice
con mundano saber aquel romano
que buscó la virtud fuera de extremos,
medianía dorada
e ir viviendo... ¿qué vida?
"¡Coje el día!", y nos coje
ese día a nosotros,
y así esclavos del tiempo nos rendimos.
¿Tú, Señor, nos hiciste
para que a ti te hagamos,
o es que te hacemos

para que Tú nos hagas?
¿Dónde está el suelo firme, dónde?
¿Dónde la roca de la vida, dónde?
¿Dónde está lo absoluto?
¡Lo absoluto, lo suelto, lo sin traba
no ha de entrabarse
ni al corazón ni a la cabeza nuestras!
Pero... ¿es que existe?
¿Dónde hallaré sosiego?
¿Dónde descanso?
¡Fantasma de mi pecho dolorido;
proyección de mi espíritu al remoto
más allá de las últimas estrellas;
mi yo infinito;
sustanciación del eternal anhelo;
sueño de la congoja;
Padre, Hijo del alma;
oh, Tú, a quien negamos afirmando
y negando afirmamos
dinos si eres!
¡Quiero verte, Señor, y morir luego,
morir del todo;
pero verte, Señor, verte la cara,
saber que eres!
¡Saber que vives!
¡Mírame con tus ojos,
ojos que abrasan;
mírame y que te vea!
¡Que te vea, Señor, y morir luego!
Si hay un Dios de los hombres,
el más allá, ¿qué nos importa, hermanos?
¡Morir para que Él viva,
para que Él sea!
Pero, Señor, "¡yo soy!", dinos tan solo,
dinos "¡yo soy!", para que en paz muramos,
no en soledad terrible,
¡sino en tus brazos!
Pero dinos que eres,
¡sácanos de la duda
que mata al alma!
Del Sinaí desgarra las tinieblas

y enciende nuestros rostros
como a Moisés el rostro le encendiste;
baja, Señor, a nuestro tabernáculo,
rompe la nube,
desparrama tu gloria por el mundo
y en ella nos anega;
¡que muramos, Señor, de ver tu cara,
de haberte visto!
"Quien a Dios ve se muere",
dicen que has dicho Tú, Dios de silencio;
que muramos de verte,
¡y luego haz de nosotros lo que quieras!
¡Mira, Señor, que va a rayar el alba
y estoy cansado de luchar contigo
como Jacob lo estuvo!
¡Dime tu nombre!
¡Tu nombre, que es tu esencia!
¡Dame consuelo!
¡Dime que eres!
¡Dame, Señor, tu Espíritu divino,
para que al fin te vea!
El espíritu todo lo escudriña
aun de Dios lo profundo.
Tú solo te conoces,
Tú solo sabes que eres.
¿Decir "¡yo soy!", quién puede a boca llena
si no Tú solo?
¡Dinos "¡yo soy!", Señor, que te lo oigamos.
Sin velo de misterio,
¡Sin enigma ninguno!
Razón del Universo, ¿dónde habitas?
¿Por qué sufrimos?
¿Por qué nacemos?
Ya de tanto buscarte
perdimos el camino de la vida,
el que a ti lleva
si es, oh, mi Dios, que vives.
Erramos sin ventura
sin sosiego y sin norte,
perdidos en un nudo de tinieblas,
con los pies destrozados,

manando sangre,
desfallecido el pecho,
y en él el corazón pidiendo muerte.
Ve, ya no puedo más, de aquí no paso,
de aquí no sigo,
yo ya no puedo más, ¡oh, Dios sin nombre!
Ya no te busco,
ya no puedo moverme, estoy rendido;
aquí, Señor, te espero,
aquí te aguardo,
en el umbral tendido de la puerta
cerrada con tu llave.
Yo te llamé, grité, lloré afligido,
te di mil voces;
llamé y no abriste,
no abriste a mi agonía;
aquí, Señor, me quedo,
sentado en el umbral como un mendigo
que aguarda una limosna;
aquí te aguardo.
Tú me abrirás la puerta cuando muera,
la puerta de la muerte,
y entonces la verdad veré de lleno,
sabré si Tú eres
o dormiré en tu tumba.

***

Salmo II

Marcos, IX 16-24

Fe soberbia, impía,
la que no duda,
la que encadena Dios a nuestra idea.
"Dios te habla por mi boca",
dicen, impíos,
y sienten en su pecho:
"¡por boca de Dios te hablo!".
No te ama, oh, Verdad, quien nunca duda,

quien piensa poseerte,
porque eres infinita y en nosotros,
Verdad, no cabes.
Eres, Verdad, la muerte;
muere la pobre mente al recibirte.
Eres la Muerte hermosa,
eres la eterna Muerte,
el descanso final, santo reposo;
en ti el pensar se duerme.
Buscando la verdad va el pensamiento,
y él no es si no la busca;
si al fin la encuentra,
se para y duerme.
La vida es duda,
y la fe sin la duda es solo muerte.
Y es la muerte el sustento de la vida,
y de la fe la duda.
Mientras viva, Señor, la duda dame,
fe pura cuando muera;
la vida dame en vida
y en la muerte, la muerte,
dame, Señor, la muerte con la vida.
Tú eres el que eres,
si yo te conociera
dejaría de ser quien soy ahora,
y en ti me fundiría,
siendo Dios como Tú, Verdad suprema.
Dame vivir en vida,
dame morir en muerte,
dame en la fe dudar, en tanto viva,
dame la pura fe luego que muera.
Lejos de mí el impío pensamiento
de tener tu verdad aquí en la vida,
pues solo es tuyo
quien confiesa, Señor, no conocerte.
Lejos de mí, Señor, el pensamiento
de enterrarte en la idea,
la impiedad de querer con raciocinios
demostrar tu existencia.
Yo te siento, Señor, no te conozco,
tu Espíritu me envuelve,

si conozco contigo,
si eres la luz de mi conocimiento
¿cómo he de conocerte, Inconocible?
La luz por la que vemos
es invisible.
Creo, Señor, en ti, sin conocerte.
Mira que de mí espíritu los hijos,
de un espíritu mudo viven presos,
libértalos, Señor, que caen rodando
en fuego y agua;
libértalos, que creo,
creo, confío en Ti, Señor; ayuda
mi desconfianza.

***

Salmo III

Oh, Señor, tú que sufres del mundo
sujeto a tu obra,
es tu mal nuestro mal más profundo
y nuestra zozobra.

Necesitas uncirte al infinito
si quieres hablarme,
y si quieres te llegue mi grito
te es fuerza escucharme.

Es tu amor el que tanto te obliga
bajarte hasta el hombre,
y a tu Esencia mi boca le diga
cual sea tu nombre.

Te es forzoso rasgarte el abismo
si mío ser quieres,
y si quieres vivir en ti mismo
ya mío no eres.

Al crearnos para tu servicio
buscas libertad,

sacudirte del recio suplicio
de la eternidad.

Si he de ser, como quieres, figura
y flor de tu gloria,
hazte, ¡oh, Tú Creador, criatura
rendido a la historia!

Libre ya de tu cerco divino
por nosotros estás,
sin nosotros sería tu sino
o siempre o jamás.

Por gustar, oh, Impasible, la pena
quisiste penar,
te faltaba el dolor que enajena
para más gozar.

Y probaste el sufrir y sufriste
vil muerte en la cruz,
y al espejo del hombre te viste
bajo nueva luz.

Y al sentirte anhelar bajo el yugo
del eterno Amor
nos da al Padre y nos mata al verdugo
el común Dolor.

Si has de ser, oh, mi Dios, un Dios vivo
y no idea pura,
en tu obra te rinde cautivo
de tu criatura.

Al crear, Creador, quedas preso
de tu creación
más así te libertas del peso
de tu corazón.

Son tu pan los humanos anhelos,
es tu agua la fe,

yo te mando, Señor, a los cielos
con mi amor, mi sed.

Es la sed insaciable y ardiente
de solo verdad;
dame, oh, Dios, a beber en la fuente
de tu eternidad.

Méteme, Padre eterno, en tu pecho,
misterioso hogar,
dormiré allí, pues vengo deshecho
del duro bregar.

***

Libérate, Señor

Dime tú lo que quiero
Que no lo sé...
Despoja a mis ansiones de su velo...
Descúbreme mi mar,
Mar de lo eterno...
Dime quién soy... dime quién soy... que vivo...
Revélame el misterio...
Descúbreme mi mar...
Ábreme mi tesoro,
¡Mi tesoro, Señor!
¡Ciérrame los oídos
ciérramelos con tu palabra inmensa,
que no oiga los quejidos
de los pobres esclavos de la Tierra...!
¡Que al llegar sus murmullos a mi pecho,
al entrar en mi selva,
me rompen la quietud!

***

Tu palabra no muere, nunca muere...
porque no vive...
no muere tu palabra omnipotente,

porque es la vida misma,
y la vida no vive...
no vive... vivifica...
Tu palabra no muere..., nunca muere...
¡nunca puede morir!
Follaje de la vida,
raíces de la muerte...
¡eso son sus palabras nada más!
Me llegan sus canciones al oído...
estribillos de moda...
¡cantan la libertad!
No canta libertad más que el esclavo;
el pobre esclavo,
el libre canta amor,
¡te canta a ti, Señor!
¡Que en mí cante tu selva,
selva de inmensidad!
Que en mí cante tu selva,
la virgen selva libre en que colgaste
al aire libre
mi nido del follaje...
¡Que en mí cante tu selva,
selva de inmensidad!
Allí en sus jaulas de oro
fuera de nido,
la cantinela en moda
repiten los esclavos... ¡pobrecillos!
¡Liberta-los!
¡Liberta-los, Señor!
Mira, Señor, que mi alma
jamás ha de ser libre
mientras quede algo esclavo
en el mundo que hiciste,
y mira que si al alma no libertas,
al alma en que Tú vives,
serás en ella esclavo.
¡Tú, Tú mismo, Señor!
¡Liberta-te!
¡Liberta-te, Señor!
Liberta-les
¡Atales con tu amor!

Liberta-te
¡Liberta-te en tu amor!
Liberta-me
¡Liberta-me, Señor!

***

No me muestres sendero
no me muestres camino;
no me lo muestres,
que no lo sigo...
Déjame descansar en tu reposo,
en el reposo vivo,
y en su dulce regazo,
en tu seno dormido,
¡guarda-me, Señor!
Guárdame tranquilo,
guárdame en tu mar,
mar del olvido...
mar de lo eterno...
¡guarda-me, Señor!
No me muestres camino,
no me muestres sendero,
que no lo sigo...
¡no puedo andar!
A las demás renuncio
si sigo una vereda...
quiero perderme,
perderme sin senderos en la selva,
selva de vida;
quiero tenerla abierta...
las sendas me la cierran...
guarda-me,
¡guarda-me, Señor!

***

Callaron los esclavos...
están durmiendo...
callaron los esclavos...

en silencio te rezan sin saberlo...
mientras duermen te rezan,
es oración su sueño...
No los despiertes...
liberta-los,
¡liberta-los, Señor!
Ata-les con el sueño...
liberta -los,
¡liberta-los, Señor!
Mientras quede algo esclavo
no será mi alma libre,
ni Tú, Señor
ni Tú que en ella vives...
serás Tú mismo esclavo...
liberta-me,
¡liberta-me, Señor!
Liberta-te,
¡liberta-te, Señor!
¡Liberta-te!

***

La hora de Dios

Es la hora de Dios, sobre la frente
del mundo se levanta silenciosa
la estrella del Destino derramando
lumbre de vida.

Callan las cosas y en silencio anegan
las voces de los hombres que persiguen
sus afanes huyendo del misterio
de Dios que calla.

Ya estás sola con Dios, alma afligida,
su silencio amoroso, que te escucha,
te dice: corazón, viértete todo,
¡vuelve a tu fuente!

¿Qué tienes que decirle?, ¡vamos, habla!,
confiésate, confiésale tu angustia,
dile el dolor de ser, ¡cosa terrible!
Siempre tú mismo.

Oh, Señor, mi Señor, no, nunca, nunca;
¿qué es ante Ti verdad?, ¿cómo saberlo?,
¡mejor que yo Tú me conoces, sabes
Tú mi congoja!

Si intentara mostrarte mis entrañas
mentiría, Señor, aun sin quererlo,
a tu silencio es el silencio solo
debida ofrenda.

Soy culpable. Señor, no sé mi culpa;
soy miserable esclavo de mis obras;
no sé qué hacer de esta mi pobre vida;
¡tu voz espero!

Habla, Señor, rompa tu boca eterna
el sello del misterio con que callas,
dame señal, Señor, dame la mano,
¡dime el camino!

Voy perdido, Señor, ¿cómo encontrarme?,
de tu mano el castigo es quien me enseña
que pequé, mas ¿en qué, dime en qué estriba
Señor, mi culpa?

Soy culpable, lo sé, más no conozco
la culpa que me aflige y a que debo
este castigo tuyo que bendigo
por ser mi vida.

Merezco este dolor que como Padre
me mandas como a un hijo a quien deseas
hacer con los dolores todo un hombre,
todo hijo tuyo.

Acepto este dolor por merecido,
mi culpa reconozco, pero dime,
dime, Señor, Señor de vida y muerte,
¿cuál es mi culpa?

Sí, yo pequé, Señor, te lo confieso,
culpable tu castigo me revela,
mi vida sin sufrir ya no es mi vida,
mas... ¿por qué sufro?

Sufro el castigo de mi culpa y callo,
pero mira, Señor, ve como lloro;
de conocer la culpa del castigo,
¡dame el consuelo!

¡Es tu hora, Señor, sobre la frente
del mundo se levanta silenciosa
la estrella del Destino derramando
lumbre de vida!

***

En el desierto

¡Casto amor de la vida solitaria,
rebusca encarnizada del misterio,
sumersión en la fuente de la vida,
recio consuelo!

Apartaos de mí, pobres hermanos,
dejadme en el camino del desierto,
dejadme a solas con mi propio sino,
sin compañero.

Quiero ir allí, a perderme en sus arenas
solo con Dios, sin casa y sin sendero,
sin árboles, ni flores, ni vivientes,
los dos señeros.

En la tierra yo solo, solitario,
Dios solo y solitario allá en el cielo
y entre los dos la inmensidad desnuda
su alma tendiendo.

Le habló allí sin testigos maliciosos,
a voz herida le hablo y en secreto,
y Él en secreto me oye y mis gemidos
guarda en su pecho.

Me besa Dios con su infinita boca,
con su boca de amor que es todo fuego,
en la boca me besa y me la enciende
toda en anhelo.

Y enardecido así me vuelvo a tierra,
me pongo con mis manos en el suelo
a escarbar las arenas abrasadas,
sangran los dedos,

saltan las uñas, zarpas de codicia,
baña el sudor mis castigados miembros,
en las venas la sangre se me yelda,
sed de agua siento,

de agua de Dios que el arenal esconde,
de agua de Dios que duerme en el desierto,
de agua que corre refrescante y clara
bajo aquel suelo,

del agua oculta que la adusta arena
con amor guarda en el estéril seno,
de agua que aún lejos de la lumbre vive
llena de cielo.

Y cuando un sorbo, manantial de vida,
me ha revivido el corazón y el seso,
alzo mi frente a Dios y de mis ojos
en curso lento

al arenal dos lágrimas resbalan
que se las traga en el estéril seno,
y allí a juntarse con las aguas puras,
llevan mi anhelo.

Quedad vosotros en las mansas tierras
que las aguas reciben desde el cielo,
que mientras llueve Dios su rostro en nubes
vela severo.

Quedaos en los campos regalados
de árboles, flores, pájaros... os dejo
todo el regalo en que vivís hundidos
y de Dios ciegos.

Dejadme solo y solitario, a solas
con mi Dios solitario, en el desierto;
me buscaré en sus aguas soterrañas
recio consuelo.

***

BRIZADORAS

***

Al niño enfermo

Duerme, niño chiquito,
que viene el Coco,
a llevarse a los niños
que duermen poco.

Popular.

Duerme, flor de mi vida,
duerme tranquilo,
que es del dolor el sueño
tu único asilo.

Duerme, mi pobre niño,
goza sin duelo
lo que te da la Muerte
como consuelo.

Como consuelo y prenda
de su cariño,
de que te quiere mucho,
mi pobre niño.

Pronto vendrá con ansia
de recojerte
la que te quiere tanto,
la dulce Muerte.

Dormirás en sus brazos
el sueño eterno,
y para ti, mi niño,
no habrá ya invierno.

No habrá invierno ni nieve
mi flor tronchada
te cantará en silencio
dulce tonada.

Oh, qué triste sonrisa
riza tu boca...
tu corazón acaso
su mano toca.

Oh, qué sonrisa triste
tu boca riza,
¿qué es lo que en sueños dices
a tu nodriza?

A tu nodriza eterna
siempre piadosa,
la Tierra en que en paz santa
todo reposa.

Cuando el Sol se levante,
mi pobre estrella,
derretida en el alba
te irás con ella.

Morirás con la aurora,
flor de la muerte,
te rechaza la vida,
¡qué hermosa suerte!

El sueño que no acaba
duerme tranquilo,
que es del dolor la muerte
tu único asilo.

***

Duerme, alma mía

Duerme, alma mía, duerme,
duerme y descansa,
duerme en la vieja cuna
de la esperanza;
¡duerme!

Mira, el Sol de la noche
padre del alba,
por debajo del mundo
durmiendo pasa;
¡duerme!

Duerme sin sobresaltos,
duerme mi alma;
puedes fiarte al sueño,
que estás en casa;
¡duerme!

En su seno sereno
fuente de calma,
reclina tu cabeza
si está cansada;
¡duerme!

Tú que la vida sufres
acongojada,
Sus Pies tu congoja
deja dejada;
¡duerme!

Duerme, que Él con su mano
que engendra y mata
cuna tu pobre cuna
desvencijada;
¡duerme!

"Y si de este mi sueño
no despertara...".
Esa congoja solo
durmiendo pasa;
¡duerme!

"Oh, en el fondo del sueño
siento a la nada...".
Duerme, que de esos sueños
el sueño sana;
¡duerme!

"Tiemblo ante el sueño lúgubre
que nunca acaba...".
Duerme y no te acongojes
que hay un mañana;
¡duerme!

Duerme, mi alma, duerme,
rayará el alba,
duerme, mi alma, duerme;
vendrá mañana...
¡duerme!

*

Ya se durmió en la cuna
de la esperanza...
se me durmió la triste...
¿habrá un mañana?
¿Duerme?

***

Mientras tú estás despierta
tu alma duerme,
y se despierta tu alma
cuando te duermes.

Duerme, pues, vida mía,
—el sueño es leve—,
duerme, y tu alma en tanto
que se despierte.

A través de tus párpados
cuando te duermes,
veo cómo tus ojos
otra luz prenden.

A través de tu pecho,
cuando él se aduerme,
mi corazón al tuyo
volar le siente.

Con mis brazos por cuna
confía y duérmete,
que quiero ver tu alma
blanca cual nieve.

Duerme, duerme en mis brazos
que te defienden,
dame, dame tu alma
que me protege.

Mientras tú estás despierta
tu alma duerme,
y se despierta tu alma
cuando te duermes.
¡Duerme!

***

MEDITACIONES

***

El buitre de Prometeo

A la roca del mundo Prometeo
—que es de los hombres el mejor amigo—,
con divinas cadenas
atado y preso,
se alimenta de penas,
y al buitre acariciando, su castigo,
al buitre Pensamiento, así le dice:

¿Qué me cuentas? ¿Qué viste allá en las nubes?
¿Tu cuello acariciando el vil tirano
le temblaba la mano?
¿Era más suave y blanda que esta mía...?
—¡Ay, ay, ay!, que me arrancas el sentido,
¡Quieto, quieto, despacio!
¡Déjame que te sienta, pues te sacio!

***

Vamos, vamos, verdugo,
sumerge tu cabeza aquí, en mi seno,
y engulle mis entrañas
pero no alces el pico,
quedo aprende a comer, sin feas mañas,

ni así me lo sacudas, ¡te suplico!
¡No, no esos desgarrones,
come pausado, la cabeza hundida;
mira que esos tirones
me hacen desfallecer y no te siento,
dame un lento dolor, sordo, apacible,
dame un dolor de vida, pensamiento!

***

¡Quieto y pico a la presa!
¿Que mi sangre la vista te oscurece?
¿Y qué te importa?
¿No tienes que comer, fiera insaciable?
Según comes mi carne, ella se acrece.

***

Dale, dale, mi buitre, sin cuidado;
no temas que me muera;
manjar tendrás en mí por largos siglos;
común es nuestra vida,
y en tanto me devores
se mantendrá mi vida con dolores.
No busques otro pasto,
mira, mi vida, cómo yo te basto.

***

Bajo tus picotazos las entrañas
muriendo me renacen de continuo
cuando la muerte viene así, de cara,
sin vil disfraz ni engaño,
se puede combatirla;
lo malo es cuando viene de soslayo
cautelosa, tapada, y sin sentirla;
su violencia no temo, sí su dolo.

***

Gracias a ti, mi buitre, no estoy solo;
tengo en ti compañero,
¡mi amigo y carnicero!
La soledá es la nada;
el dolor de pensar es ya un remedio,
mejor tus picotazos que no el tedio...

***

¿A dónde volver quieres la cabeza?
¿A ver tu patria, el cielo, por ventura?
¿Buscas leer de Júpiter la frente?
¿No te doy carne, carne hasta la hartura?
¿Buscas cobrar de su sonrisa brío?
Toma, toma y bebe mi sangre;
deja, deja al tirano, ¡eres ya mío!

***

Y no has de leer su frente, el claro cielo,
pues el vaho de la sangre en que te abrevas
es de tus ojos velo.

***

Vamos, quieto, y devórame con calma;
yo te doy carne y sangre, pensamiento,
y Jove, solo luz, luz solo y aire...
Y qué, ¿no estás contento?
¿Aún pides más? ¿Te has vuelto acaso loco?
¿Te emborrachó mi sangre?
¡Vamos, traga con calma y poco a poco!

***

Deja que mis entrañas se renueven
y escarba en mis redaños;
somos viejos amigos, mi verdugo;
pasan los años,

¡y tú a tu faena destructora
la tela de mi vida desgarrando!
¡Quieto, quieto, y devora;
vamos pasando!

***

¿Sientes morriña de tu patria el cielo?
¿Quieres volar a la escarpada roca
que cobija tu nido
sirviéndole las nubes de cortina?
No lograrás llegar, te abate a tierra
el buche con mi carne perinchido;
¡es muy alta la sierra!

***

¿Qué se te gasta el pico?
Lo puedes afilar en mis costillas
que pusiste al desnudo.

***

Nacer fue mi delito,
nacer a la conciencia,
sentir el mar en mí de lo infinito
y amar a los humanos...
¡Pensar es mi castigo!
¡Dale, dale de firme, cruel amigo!

***

Desde los bordes de tu cornea boca
a mi abierto regazo
mi propia sangre escurre
como el orvallo cae sobre la grieta
que guarda el manantial do nace el río,
río de que la nube luego brota,
nube que vuelve al río gota a gota.

***

¡Cuánto me quieres buitre mío, cuánto!
¡Con qué voraz cariño me devoras
encendido en deseo de mi cebo!
¡Sangre eres de mi sangre y es tu carne
de mi carne renuevo!
Me abrazas y me estrechas en tus garras,
como en espasmo de fusión suprema;
tiembla mi cuerpo de dolor entre ellas,
palpitantes amarras,
pero mi alma,
mi alma a ti se vuelve, mi verdugo,
pues que te debe de su vida el jugo.

***

Lo que es en mí dolor en ti es delicia,
mi desgracia tu triunfo;
mientras tu corvo pico me acaricia,
con lo que sufro gozas;
para henchirte de vida me destrozas.

***

Pero no, no te apartes de mi seno,
que a tu falta me duermo para siempre;
escarba en mis entrañas, pensamiento;
mejor que no el vacío, tu tormento.
Existir, existir, pensar sufriendo
más bien que no dormir, libre de penas,
el sueño sin ensueños, que no acaba;
benditas tus cadenas,
ya que sin ellas pronto me hundiría
de las pálidas sombras en el gremio.
Sea inmortal dolor, mi eterno buitre,
y no placer efímero, mi premio.

***

Arrímate así más, sobre mí hundido;
al calor de tu pecho arda mi pecho,
guárdamelo del duro aire serrano,
de su arreciente hostigo;
más cruel no me seas que el tirano,
y al cumplir su sentencia compasivo
con tus alas protégeme y enjuga
con tu redondo pecho mis heridas;
¡sea bizma su pluma,
blanda esponja, sedeña como espuma!

***

Cuando en verano encone mis heridas
el sol por el que vemos y él es ciego,
haz de tus recias alas abanico
y oréame con ellas
al compás de los golpes de tu pico.
Y ahuyéntame las moscas,
las moscas asquerosas, tercas, blandas,
enjambre de gangrena,
mandaderas de sangre y podredumbre;
no envilezcas mi pena;
¡a ellas es imposible me acostumbre!

***

¡Todo, todo devóralo, no arrojes
piltrafas a los cuervos;
no soy manjar de echar bajo la mesa;
nada, nada de sobras a los siervos;
toda entera resérvate la presa!
Eres digno de mí, yo de ti digno,
pero los cuervos,
los que aman la carroña...
aléjalos, mi buitre, a picotazos,
que sepan que estoy vivo;
¡lejos, lejos de mí, sepultureros,
nos bastamos tú y yo, sin compañeros!

***

Y esto, ¿se acabará? Todo se acaba.
En la más dura peña gota a gota
el hilo de agua su sepulcro excava
y desde el pétreo y funerario cáliz
en vapor invisible
va a derretirse al cielo.
Gota a gota mi sangre va mellando
estos férreos lazos
que Hércules y la Fuerza remacharon;
gota a gota las roe con la herrumbre
y ha de quebrar al fin su pesadumbre.
Viva es la sangre, muertas las cadenas;
la guardo como arroyo
de una savia perenne que en las venas
tiene su cauce estrecho.
Y vosotras, inmobles ligaduras
que me surcáis el pecho
sois solo hierro inerte,
y a la larga el que vive es el más fuerte.
Con el jugo inmortal de sus entrañas
arrasar puede el hombre las montañas.

***

Y tú, verdugo, te has de hartar un día;
llegarás a las bascas y al hastío;
tupido hasta el gañote
a la modorra abatirás tu brío
y alicaído, lacio,
te acostarás para dormir tu hartazgo;
colchón tendrás en mí sobre esta roca
en que a merced de tus furores yazgo.
Dormirás para siempre
aquí, mi buitre, en mí, sobre tu presa
y yo, tu pábulo hoy, seré tu huesa.

***

Y tú, impasible Júpiter celeste
Razón augusta, Idea soberana,
Buitre del universo que devoras
mundos, soles y estrellas,
Tú, a quien los siglos son como las horas,
harto también un día
la cabeza almenada de centellas
doblegarás de la modorra al peso.
Será tu fin, el fin de tu reinado;
sobre ti manda, incontrastable, el Hado.

***

¿Y después? ¿Cuando cese el Pensamiento
de regir a los mundos?
¿Y después...?
—¡ay, ay, ay! ¡no tan recio!—
¡no tan recio, mi buitre!
Mira que así me arrancas la conciencia;
aun dentro de tu oficio, ¡ten clemencia!

***

Por dentro

I

¿Es que acaso conoces tú la angustia
de sentir tu regazo
sacudido de un ser que desconoces
y sin poder librarlo?
¿Ha sentido tu espíritu en congoja
los apuros de un parto
que no da a luz y queda entre dolores
como un esfuerzo vano?
¿Sabes lo que es sentir tus pensamientos
agitarse en la sombra, por debajo,
y no verles los ojos
ni de su voz sentir el dulce llanto?
¡Tener dentro del alma hijos que viven

atormentados,
que te piden la luz y tú no logras
darles descanso!
Algo grande se agita en mis entrañas,
algo que es soberano,
algo que vive
con un vivir oscuro y abismático.
¿Y no será mejor que allí lo deje
sin al mundo sacarlo,
y que viva su vida de tinieblas
en hermético arcano,
sin cobrar voz ni forma,
sin tener que encarnar en cuerpo extraño?
Pues extraño a toda alma es todo cuerpo;
todo pensar callado,
así que toma voz y habla a los hombres
del mundo en el teatro,
pierde la oscuridad en que guardaba
todo el celeste encanto
de su virtud fluida,
y es cual duro guijarro,
en vez de ser esencia vaporosa
que del Sol a los rayos
se ha de bañar un día cuando vuelva
al seno del océano
de que surgió, perdida nubecilla,
que el viento de rechazo
me trajo al alma,
donde le doy amparo.

II

¡Oh, no poder dar luz a las tinieblas,
voz al silencio,
que mi dolor cantara
el salmo del misterio!
¡Oh, no poder decir lo que se muere
en sagrado secreto,
antes de haber nacido,
en el sepulcro-cuna de lo eterno!

¿Dónde está vuestro aroma de ambrosía,
¡oh, flores del invierno!,
que antes de abrir al Sol vuestras corolas
—¡dulce consuelo!—
volvisteis a los campos
a que la Muerte baña con su riego?
¡Cantar lo que no cabe
ni en palabras ni en tonos es mi empeño,
y decirte, mi amor, aquí, al oído
mi corazón entero,
con su ritmo sin música, ni letra
con todo su silencio!
Terrible es la palabra
y su poder, poder de mal agüero.
Muere en ella la idea cuando nace,
enterrada en su cuerpo,
como muere al dar fruto,
del todo nuestro anhelo.
Que al tocarte mi fiebre en ti despierte
la fiebre de tu seno,
y se fundan así nuestros ardores
en un mismo deseo.
Calla, mi amor, cierra tu boca fresca,
que así te quiero,
donde dejó su huella la palabra
no anida bien el beso.
Calla, que hay otro mundo
por dentro del que vemos,
un mundo en el que tejen las tinieblas
y es todo cielo.

III

¡Pobre mortal que crees en tu locura
buscar la dicha,
mira cómo te lleva
de su mano la vida...!
Sueñas la libertad, perdido el seso,
y te imaginas
que ella ha de hacerte hombre,

mas ¡ay de ti aquel día
en que en sus brazos caigas y en tu pecho
reviente, así que caigas, el enigma!
Tú corres tras de un hito,
mas hay un Dios que dentro tuyo habita,
que es quien te lleva,
quien tu suerte encamina,
y ese tu Dios en otro blanco tiene
puesta la mira,
y mientras crees alzarte a tus estrellas
a las suyas te guía.
¿Ves esa muchedumbre
que con furor se agita?
Dan todos una voz, todos un grito,
la bandera es la misma,
mas si es una la queja
son muchas las heridas;
cada cual con la suya
que cela en sí, y del mundo desconfía.
Lanzáronse a la plaza
buscando de sus penas medicina,
huyendo sus pesares,
por no verse en la sima
de la miseria,
la soledad huyendo de sí mismos,
buscando olvido en la revuelta liza.
Y todos braman a una
y a todos ciega les sacude la ira,
y cada cual ignora
lo que a su hermano el corazón le mina.
No hagas caso a los hombres
que se juntan y gritan;
si una endecha da el coro
de cantares distintos va tejida,
y cada cual encubre
dentro el alma intranquila
bajo el grito común su propia queja,
para no oírla.
Buscan, pobres, olvido,
buscan bregando en la común porfía,
adormecer sus penas,

echar fuera la vida
y acallar las domésticas cuestiones
con el huero fragor de las políticas.
No hagas caso a los hombres;
que se juntan y gritan;
hojas sus gritos son que el viento lleva
mientras en silencio su dolor radica.
Baja, pues, al silencio,
y espera a que el dolor allí te rinda.

IV

Es el dolor la fuente
de que la vida brota,
es el dolor la flor de lo divino,
es la corona
del infinito anhelo,
es el dolor el beso de la boca
de nuestra eterna Madre
la que en el cielo llora.
Cuando calla el Dolor se oye a la Muerte
las alas tenebrosas
batir en los profundos
cual si fuesen las olas
del mar de la ilusión en que los seres
sin rumbo bogan;
donde se mecen, frágiles barquillas,
las fugitivas formas,
donde esas que llamamos leyes se alzan
cual escarpadas rocas
en que buscando aquellas su refugio
pronto perecen rotas.
Es el dolor del árbol de la vida
la savia vigorosa;
cuando el mundo va a hundirse en la inconsciencia,
¡Dios surge y sopla!
Y es su soplo dolor, dolor intenso
que a las almas azota,
y las almas buscando algún alivio
se revuelven ansiosas

y hacen el mundo
que así resulta ser del dolor obra.
¡El dolor o la nada!;
¡quien tenga corazón venga y escoja!
Dice un refrán antiguo y triste: "un clavo
saca a otro clavo", y toda
la ciencia del dolor en él se encierra;
es la corona
del saber que en su pecho dolorido
quien padeció atesora.
Matarás una pena
solo con otra,
si esta es más pura y grande, más divina,
si esta es más honda,
y cuanto más lo sea
más lleva en sí sustancia de congoja,
puerta divina
por donde se entra en la anhelada gloria.
Y allí en los brazos de tu Madre eterna,
¡oh, mi alma sufridora!,
juntándote a las almas que sufrieron
como tú en una sola
consolación, las lágrimas
recibirás que de sus ojos lloran.
Será vuestro consuelo
bañaros en las ondas
de las eternas lágrimas que curan
por fin toda congoja,
pues en lo eterno del dolor divino
la amargura se borra,
y la miseria deja al miserable
dulzura muy sabrosa.
Métete en tu dolor y en él trabaja
por escardar la broza.

V

¿No te acuerdas, mi amor, que te decía
cómo en mi seno luchan
por darse a luz oscuros pensamientos

sin voz y sin figura?
Son mis dolores, hijos desdichados
que mueren en la cuna,
cuando no logran que de fuera a ellos
otros acudan,
y los llamen, los saquen, los abracen,
con ellos se confundan,
y en dolorosa comunión besándose
frutos de amor produzcan.
Muere dentro del alma toda pena,
estéril e infecunda,
si tocándole otra alma dolorosa
no le mete la suya.
Por eso te decía que callaras
y así, en silencio, muda,
dejases que tu pena poco a poco,
desde la hondura
de ese tu corazón que cual el mío
bate la eterna angustia,
te subiese a la boca
y en invisible y silenciosa espuma
se vertiera en la mía y en un canto
probásemos su fruta.
No hago caso del mundo que en la plaza
se agita y mete bulla
creyendo que sus penas adormece
con esas luchas,
sufre y brega sin tino;
no sabe lo que busca
y tú para él, mi alma, solo tienes
esta palabra: ¡nunca!
A dar voces vacías,
pobrecillos, se juntan,
y gritan y más gritan
y sus penas ocultan
y piden no sé qué ni ellos saben
aunque crean saberlo en su locura.
Lejos de esos afanes
que al mundo abruman
casemos nuestras penas en silencio
y de este fuerte enlace acaso surja

fruto consolador que les devuelva
cuando yazgan en murria
sepultados del tedio en lo profundo,
cuando la vida sufran,
cuando toquen lo vano de su empeño
y deseen haber muerto en la cuna,
les devuelva la savia de este fruto
la entrañable dulzura
que lleva en sí la pena que al casarse
consiguió hacerse en el amor fecunda.

VI

¡Y basta, adiós, es hora de callarnos,
van ya muchas palabras;
adiós, mi amor, volvamos al silencio;
voy a callarme... calla!
Un día más que fue, ¿lo sabes?,
pero vendrá mañana,
y no será otro día, te aseguro,
pues en nuestra alma
todos los días son un solo día
como todas las penas, aunque tantas,
son una sola pena,
una sola, infinita, soberana,
la pena de vivir llevando al Todo
temblando ante la Nada.
El tiempo muere ante el dolor supremo,
en él se anega el ansia;
es el dolor eternizado el único
que cura del que mata.
Cuando el pueblo judío en el Desierto
contra Dios murmuraba,
fastidiado del pan que era liviano,
fastidiado del agua,
serpientes ardorosas sobre ellos
va el Señor y desata;
y morían mordidos por la boca
de la cruel alimaña.
Se fueron a Moisés llenos de angustia,

confesaron su falta,
Moisés oró al Señor y a su mandado
una serpiente de metal les labra
y ante el pueblo rendido
sereno la levanta.
Y a la serpiente de metal erguida
quien quiera la mirara,
de las otras de carne y morideras
libre quedaba.
Al dolor de metal que siempre dura,
dolor que nunca pasa,
mira cuando te muerdan los dolores
que comen y que matan;
¡abrázate al dolor eternizado,
abrázate a la cruz que se levanta
por cima de los mundos,
abrázate a ella y calla!
Callemos ya, mi amor; en el silencio
la dulcedumbre de la pena guarda;
callemos ya, mi amor, harto te dije,
voy a callarme... ¡calla!

***

Alborada espiritual

¡Gracias a Dios que al fin se fue la noche!
Se fue la noche en que sumida el alma
por infecundas horas trascurría...
El celestial rocío me despierta
—de la gracia el rocío—,
con frescura que llega a las entrañas.
Cuanto en nocturno sueño adormecida,
y el corazón en su latir menguado,
más fría el alma yazga,
con más amor le bañará piadoso
el celestial rocío de la gracia,
en su torno cuajando desde el cielo,
y refrescando su inmortal anhelo.

***

La noche ya pasó con sus negruras
la espiritual y misteriosa noche
en cuyo ocio las horas trascurrían
infecundas corriendo a disolverse
en el eterno abismo.
Tan solo de la luna el rostro pálido,
del padre de la luz manso reflejo,
con su triste mirada me infundía
placentera tristeza…
Su lumbre melancólica y lechosa
bañaba a mi campiña
en lividez de resignada muerte;
bajo ella parecía que mis campos,
los campos de mi espíritu,
con pesar aspiraban a la nada,
temiéndola a la vez…
Fantásticas regiones
fingían de mi espíritu abatido
los valles y montañas,
los bosques y desiertos,
los ríos y los lagos silenciosos,
¡las costas de mi mar…!
¡Todo en la paz sumido dormitaba,
en la paz de la muerte,
en profundo sopor de que surgía
sueño de vanidad…!
¡Todo a tu luz, oh, luna solitaria,
la oquedad de su seno me mostraba;
el íntimo vacío de mi vida
me anegaba en sopor…!
El alma recojida
al palparse palpaba su vacío,
me penetraba el frío,
¡el frío de tu luz…!
Y mirando a tu rostro de tristeza
del fondo del vacío del espíritu
subíame un anhelo,
oscura aspiración informe y vaga
cuyo vuelo en las nieblas se perdía

que las cumbres de mi alma coronaban,
¡el anhelo del Sol...!
¡Mas poco a poco el rostro de la luna
de palidez mortal se fue cubriendo
al par que en el océano cristalino
de la celeste bóveda
se infiltraba sutil la tenue esencia
del blanco albor...!
Y cual perdido témpano que boga
del cielo por la bóveda serena,
blanco quedose de la luna el rostro,
como cuajada nube,
blanca y sin luz de mi pensar la luna
al anunciarse el Sol que la ilumina,
blanca y perdida en la extensión inmensa
del cielo de mi espíritu, bañado
en matutinas lumbres de esperanza,
en agorero albor.
¡Adiós, luna de mi alma,
piadosa compañera de mis noches,
tú con tu pobre lumbre
prestada y de reflejo
estrujaste dulzor de mi tristeza;
tú guiaste mis pasos inseguros
de la penumbra en medio,
tú templaste la ausencia
del Sol porque suspira mi alma toda;
tú fuiste mi consuelo,
faro de mis eternas correrías,
centro de mis anhelos,
precursora del Sol!
¡Adiós, luna de mi alma,
no dejes de girar en torno mío,
y que el Sol te ilumine y te sostenga,
espejo de su luz!
Y así como al romper la aurora cándida
antes que el sol se muestre,
derrítense sumisas las estrellas,
así se han derretido mis ideas
en la aurora de mi alma,
antes que el Sol sobre ella resplandezca.

¡Blancura virginal suave me envuelve,
del corazón las flores se entreabren,
ofreciendo su cáliz perfumado,
al recibir el matutino beso
que del oriente sopla;
al besarlas la brisa soleada,
resucitando se abren,
las perfumadas flores que brotaron
entre cizaña, abrojos y maleza,
del corazón en el cerrado huerto,
de la virtud con la feraz simiente...;
los lirios de blancura inmaculada
de los deseos de pureza henchidos,
de la resignación las violetas,
las tiernas rosas de zarzal silvestre
de las dulces palabras de consuelo
con que animé a mi hermano,
los nardos que aromáticos surgieron
de las obras de amor!
¡De mi alma hacia el oriente
en el lejano bosque en que dormitan
de mi niñez los ecos,
donde esperan tranquilas las memorias
de mi edad auroral fresca y hermosa,
para romper en cánticos de gozo
así que el Sol las bañe,
allí mi cielo se colora y viste
de purpurino manto,
de oro acendrado en el crisol divino
de la antigua inocencia...!
¡Vivas memorias de mi cara infancia,
remembranzas benditas,
pajarillos del alma
que allá del corazón en la espesura
anidáis en silencio,
pronto al brillar el Sol sobre vosotros,
y al beber de su rayo soberano
cernido en el follaje
del árbol de mi vida,
romperéis en un cántico de gloria,
himno cordial de triunfo,

de eterno amor al dulce Amor eterno.
Todo impaciente aspira
al misterio solemne
de abrirse tras la noche el claro día;
el día va a nacer!
¡Sal pronto sobre mí, de la luz Padre,
envuélveme en el manto luminoso
tejido con tus rayos impalpables,
fecundando la acción de tu rocío...;
el día va a nacer!
Todo te aguarda pronto,
mis flores y mis pájaros te esperan,
con su perfume aquellas
dormido en sus corolas recojidas,
y aquestos con sus trinos
que duermen en la lira de sus pechos;
te espera ansioso el corazón despierto;
te espera el alto cielo que le cubre,
el aire espiritual de que respiro,
te espera mi alma toda,
en su preñada aurora...
¡el día va a nacer!
¡Dame a beber tus rayos, Sol de vida;
está pronto el altar!
¡A su ara ven propicio, Sol divino;
todo para adorarte está de hinojos;
el día va a nacer!
¡Rompe en tu gloria ya, Sol de mi vida;
amor de los amores,
eleva a ti el perfume de mis flores,
recoje de mis pájaros el canto,
el canto de victoria,
que al esplendor de tu divina gloria,
hinche mi corazón!
Te cantarán un himno no aprendido
los alados recuerdos de mi infancia
ebrios con la fragancia
de las flores brotadas del amor.
¡Agosta con tus rayos mi maleza
Sol del eterno amor!
¡Mi ser todo te adora,

enciéndeme en tu brasa avivadora,
híncheme cuerpo, corazón y mente
en la luz del Amor!

***

Nubes de misterio

Al cielo soberano del Espíritu
tenue vapor se eleva desde mi alma,
en ondulantes nubes se recoje
a que el Sol increado en su luz baña,
y de mi mente en la laguna quieta
cuando se aduerme en otoñal bonanza
sin que rompa su tersa superficie
el viento que del mundo se levanta,
con sus nubes la bóveda celeste
a retratarse en los cristales baja
sin dejar sus alturas, de tal modo
que finge repetirse so las aguas.
A ellas desciende en plácido sosiego,
del abismo evocando en las entrañas
el azul celestial que allí dormita,
el soterraño cielo en que descansan,
y en su tersura mórbidas las nubes
en idénticas formas se retratan.
Entonces me rodean los misterios
haciéndome soñar nubes fantásticas,
quimeras sin contornos definidos,
de ondulante perfil, figuras vagas,
visiones fugitivas de otros mundos
que se hacen y deshacen sin parada,
sin dejarme su imagen, ni me quede
estela o nimbo alguno de su marcha
La procesión de vagarosas nubes,
del lago en la tersura sosegada
sucédese cual números melódicos
de alguna sinfonía honda y callada,
en suave ritmo de ondulantes líneas,
de tornasoles y matices, aria

de cambiantes sutiles, himno alado
que en silencio profundo la luz alza.
Y el himno silencioso me despierta
inestinguibles y entrañables ansias
de una vida mental pura y sencilla,
sin conceptos ni ideas, abismática;
de espirituales linfas que circulen
sin cuajarones, en fluida savia,
que vivífica fluya, en libre jugo
antes de que en celdillas se reparta
y en la prisión de vasos y de brotes
pierda su libertad el protoplasma;
de etéreo concebir que se difunde
por los celestes ámbitos del alma,
pensamiento no esclavo de discurso
que a la raíz de la vida ávido abraza
con tan íntimo abrazo y tal deseo
que a confundirse llegan.

La batalla
con el tenaz misterio al fin me rinde;
al pensamiento la quietud me gana;
y a favor del reposo en que la mente
de su continuo forcejear descansa,
del corazón resurgen los anhelos,
me late lleno de amorosas ansias,
pide su parte en el oficio, quiere
comulgar del misterio en las entrañas.
Rendidas al amor las nubes leves,
en suave lluvia entonces se desatan,
y al pobre corazón riegan, sediento,
que se entreabre a beber sus vivas aguas,
las que me nutren del pensar el lago,
las que forman la fuente sosegada
de que fluye mi eterno y mi infinito
manantial de que excelsa vida mana,
vida de eternidad y de misterio
que jamás empezó y que nunca acaba.

***

La vida es limosna

Mira el pordiosero,
es el de siempre...
¡Pobrecito, que viene deshecho!
¡Cómo resiste!
¡Parece imposible!
Mírale cómo besa el mendrugo
que de allí le echaron...
¡Oh, qué pan tan duro!
No le ablandan los besos, de fijo,
los besos del pobre...
Hoy le besa... mañana le muerde...
Le besa y lo guarda; al zurrón se lo mete.
Se guarda el mendrugo...
En él de sus dientes.
Dejó un niño la marca.
Y después de morderlo
tuvo que dejarlo,
rendido de sueño,
rendidito el pobre...
Mira un pajarito
cómo allí se posa,
a cojer las migajas
del pan de limosna...
Mira que volando
las lleva en el pico...
¡Migas del mendrugo!
Se las lleva al nido...

***

Hay que dar limosna,
no hay más remedio.
Hay que dar limosna...
El no darla es tan feo.
¿Que no sirve de nada?, ¿qué importa?
¿Qué importa?..., es tan feo...
¡Es hermoso y basta!
"¡Caridad no, justicia!", me dices...
Esas son monsergas,

son cosas de libros.
Esos son embrollos,
ve ahí, te lo digo...
¡Es tan hermoso!

***

Mírale cómo viene... tan dulce...
Tan dulce y tan quedo
mírale cómo viene tan dulce...
Es el pordiosero...
Parece su capa
la huerta del pueblo,
la huerta del pueblo.
La huerta formada
de retazos de todos colores
que se acerquen al verde... La capa
parece la capa del pueblo.
Parece la huerta,
si la ves desde el cerro.
El sol y la lluvia
le han dado ese tono.
Ese tono tan suave y tan dulce...
¡Dale limosna... que es tan hermoso!
Mira, el Sol, que es tan bueno.
Su luz soberana
le da de limosna
sin negarle nada.
Y el aire le envuelve,
le besa y le abraza,
y con tanto ahínco
que por eso se pone la capa.
Bebe en los caminos
agua cristalina,
agua que Dios llueve,
limosna Divina...

***

¿Es que acaso somos
más que unos mendigos?
De limosna y de gracia,
de mendrugos vivimos...
¿Otra vez... otra vez lo repites?
¡Justicia tan solo...!
¡Desgraciado si no encuentras gracia!
¡Oh, si el Juez soberano
tan solo justicia te diera,
¡justicia tan solo...!
Esas son monsergas,
son cosas de libros,
esos son embrollos.
¡Ve ahí, te lo digo!
Una limosnita por Dios pide el pobre.
Y se le contesta:
"¡Hermano, perdone!".
Y él perdona la deuda,
pa'a que Dios le perdone.
"Que el buen Dios se lo pague, hermanito,
que Dios le bendiga".
Dice a quien le paga,
y en limosna le da Dios la vida...
La vida es limosna...
Déjale al corazón que te diga
qué es lo más hermoso,
déjale al corazón, que en la vida
él sabe solo...
¡Solo él sabe la dicha!
La vida es limosna,
limosna del cielo...
Te vendrá tu hora...
La vida es muy dura;
es como el mendrugo,
la vida es muy dura,
es como el mendrugo que echaron al pobre.
Bésala piadoso
antes de guardarla,
besa ese mendrugo
antes de meterlo al zurrón de tu alma.
Su señal dejó en ella algún ángel

antes de dormirse...
Ha de despertarse...
Cuando tú te duermas,
duermas para siempre...
La vida es limosna...
¡Limosna la muerte!

***

¡Perdón!

Men med hvad Ret fik Hakon Retten og ikke I?

Ibsen. Kongs—Aemnerne.

Si tú no te perdonas
no te perdona Dios;
¡perdona-te!
Si en paz no vives
contigo mismo,
si no consigues
paz en tu pecho,
¡no te dará Dios paz...!
La paz viene del fondo
del corazón;
es divino tesoro
que en ti Dios puso,
¡es tesoro de amor!
Esa inquietud interna
que te derrite,
ese anhelo infinito
que no se extingue,
que no se sacia,
es porque no perdonas,
es porque no amas...
¡Desecha la justicia,
que es pobre cosa,
que mata al corazón!
¡Busca la vida,
la vida inextinguible,

búscala en el perdón!
¡Perdona-te!
Honda piedad inmensa
tu corazón derrita,
al tocar tu miseria,
tu miseria infinita,
que es la miseria humana,
el lastre de la vida...
¡Perdona-te!
y en ti perdona a todos...
¡perdona-te!
¡Acude a tu tesoro,
al divino tesoro
que en ti Dios puso,
al tesoro de amor...!
Solo el perdón es justo,
él solo fluye
del pecho puro;
solo el perdón es justo...
¡perdona-te!
Perdónate y perdona,
al perdonarte, a todos,
a todos los que amargan
nuestra vida con dolo...
¡en el juez está el mal!
Es el que juzga el que hace
la maldad del delito,
es el que juzga...
¡solo el perdón es hijo
del absoluto Amor!
No alegues tu derecho...
¿con qué derecho
ese derecho alegas?
¡Solo el derecho eterno
darte vida podrá!
Y es el derecho eterno
ser perdonado...,
¡perdónate y en ti perdona a todos
perdona-te!
Ni tu deber alegues...,
¡hay un deber tan solo,

y es el perdón!
Perdón es sacrificio
del que perdona;
es gracia, don divino,
del que el perdón recibe;
es gracia y sacrificio,
fruto de amor,
de amor, no de justicia,
¡de caridad!
Es gracia y no derecho;
no deber, sacrificio...
¡es libertad!
Es libertad perfecta
santo tesoro
que soporta cadenas,
¡es libertad del alma,
fruto de amor!
Tribunal no levantes
dentro de tu alma;
mantenla pura;
¡no te juzgues en juicio
oye a tus ansias
ansias de paz!
Contempla tu miseria,
que es la miseria humana,
la triste pena;
¡contémplala y aviva
tu compasión!
Compasión a ti mismo,
piedad del Hombre,
pesar por el delito...
¡perdona-te!
Perdónate y perdona
contigo a todos,
a todos los que amargan
esta vida con dolo...
perdónate y perdona...
¡perdona-te!
¡Desecha la justicia,
que es pobre cosa,
que mata al corazón!

Si tú no te perdonas
no te perdona Dios...
¡perdona-te!
Si tú no te perdonas,
¿cómo has de perdonar?
¡Perdona-te!
¡Perdón! ¡Solo perdón!
¡Perdón tan solo!
¡Solo perdón!

***

Elegía en la muerte de un perro

La quietud sujetó con recia mano
al pobre perro inquieto,
y para siempre
fiel se acostó en su madre
piadosa tierra.
Sus ojos mansos
no clavará en los míos
con la tristeza de faltarle el habla;
no lamerá mi mano
ni en mi regazo su cabeza fina
reposará.
¿Y ahora en qué sueñas?
¿Dónde se fue tu espíritu sumiso?
¿No hay otro mundo
en que revivas tú, mi pobre bestia,
y encima de los cielos
te pasees brincando al lado mío?
¡El otro mundo!
¡Otro... otro y no este!
Un mundo sin el perro,
sin las montañas blandas,
sin los serenos ríos
a que flanquean los serenos árboles,
sin pájaros ni flores,
sin perros, sin caballos,
sin bueyes que aran...

¡El otro mundo!
¡Mundo de los espíritus!
Pero allí, ¿no tendremos
en torno de nuestra alma
las almas de las cosas de que vive,
el alma de los campos,
las almas de las rocas,
las almas de los árboles y ríos,
las de las bestias?
Allá, en el otro mundo,
tu alma, pobre perro,
¿no habrá de recostar en mi regazo
espiritual su espiritual cabeza?
La lengua de tu alma, pobre amigo,
¿no lamerá la mano de mi alma?
¡El otro mundo...!
¡Otro... otro y no este!
Oh, ya no volverás, mi pobre perro,
a sumergir tus ojos
en los ojos que fueron tu mandato;
ve, la tierra te arranca
de quien fue tu ideal, tu Dios, tu gloria.
Pero él, tu triste amo,
¿te tendrá en la otra vida?
¿El otro mundo...!
¡El otro mundo es el del puro espíritu!
¡Del espíritu puro!
¡Oh, terrible pureza,
inanidad, vacío!
¿No volveré a encontrarte, manso amigo?
¿Serás allí un recuerdo,
recuerdo puro?
Y este recuerdo,
¿no correrá a mis ojos?
¿No saltará, blandiendo en alegría,
enhiesto el rabo?
¿No lamerá la mano de mi espíritu?
¿No mirará a mis ojos?
Ese recuerdo,
¿no serás tú, tú mismo,
dueño de ti, viviendo vida eterna?

Tus sueños, ¿qué se hicieron?
¿Qué la piedad con que leal seguiste
de mi voz el mandato?
Yo fui tu religión, yo fui tu gloria;
a Dios en mí soñaste;
mis ojos fueron para ti ventana
del otro mundo.
¿Si supieras, mi perro,
que triste está tu dios porque te has muerto?
¡También tu dios se morirá algún día!
Moriste con tus ojos
en mis ojos clavados,
tal vez buscando en estos el misterio
que te envolvía.
Y tus pupilas tristes
a espiar avezadas mis deseos,
preguntar parecían:
¿A dónde vamos, mi amo?
¿A dónde vamos?
El vivir con el hombre, pobre bestia,
te ha dado acaso un anhelar oscuro
que el lobo no conoce;
¡tal vez cuando acostabas la cabeza
en mi regazo
vagamente soñabas en ser hombre
después de muerto!
¡Ser hombre, pobre bestia!
Mira, mi pobre amigo,
mi fiel creyente;
al ver morir tus ojos que me miran,
al ver cristalizarse tu mirada,
antes fluida,
yo también te pregunto: ¿a dónde vamos?
¡Ser hombre, pobre perro!
Mira, tu hermano,
es ese otro pobre perro,
junto a la tumba de su dios tendido,
aullando a los cielos,
¡Llama a la muerte!
Tú has muerto en mansedumbre,
tú con dulzura,

entregándote a mí en la suprema
sumisión de la vida;
pero él, el que gime
junto a la tumba de su dios, de su amo,
ni morir sabe.
Tú al morir presentías vagamente
vivir en mi memoria,
no morirte del todo,
pero tu pobre hermano
se ve ya muerto en vida,
se ve perdido
y aúlla al cielo suplicando muerte.
Descansa en paz, mi pobre compañero,
descansa en paz; más triste
la suerte de tu dios que no la tuya.
Los dioses lloran,
los dioses lloran cuando muere el perro
que les lamió las manos,
que les miró a los ojos,
y al mirarles así les preguntaba:
¿a dónde vamos?

***

No busques luz, mi corazón, sino agua

Te metiste, alma mía, en las corrientes
revueltas de la vida,
perdido el tino,
y así te fue; con furia los torrentes
en recia acometida
de torbellino
te arrancaron la tierra
mollar y grasa y rica
en que la savia del vivir se encierra
y tus pobres raíces descubiertas
perdieron el sustento
y quedaron al aire libre abiertas
y al duro hostigo,
sin apoyo ni fuerza ni alimento,

faltas de todo abrigo,
¡recio castigo!
Con sus rayos el Sol, ciego verdugo,
las raíces te seca
de sus hebrillas rechupando el jugo
y así te vas quedando mustia, enteca
poquito a poco;
huye, mi corazón, no seas loco.
Huye la luz y busca en el secreto
del tenebroso asilo
que con agudas púas alto seto
guarda de asaltos,
para tus ansias un lugar tranquilo,
donde en íntima paz, sin sobresaltos
te abreves en la fuente de la vida
siempre florida
y bebas la verdad
que a oscuras fluye de la eternidad.
Porque la luz, mi alma, es enemiga
de la entrañada entraña
en que vuelve el espíritu a sí mismo;
cuando la toca sin piedad la hostiga
dentro el abismo
en que en el seno de su Dios se baña,
creyéndose a seguro,
con agua soteraña
que se remansa en el regazo oscuro.
Quieren las raíces en lo oscuro riego
sin luz alguna,
quieren sorber en íntimo sosiego
dentro en su cuna,
las aguas que a favor de las tinieblas
se aduermen bajo el suelo,
dejándole a la copa que entre nieblas
busque la luz del cielo.
El que es hijo de luz es tu follaje
que al sol se mece
y al sol viste de gala su ropaje
de ancha verdura,
y en la noche y la sombra languidece
de honda tristura

vencido a pesadumbre,
sin tener cura,
mas tu raigambre
siente sed de agua y de tierra siente hambre
mas no de lumbre.
Mejor que junto al río
que de pronto se sale de su cauce
lleno de brío,
y como a pobre sauce
de su ribera
te desnuda las raíces de manera
que te es la luz del Sol ofensa y muerte,
mucho mejor, mi alma, te es tenderte
del lago del misterio a las orillas
fuera del remolino
de las formas esclavas del Destino,
y allí hundir tus raicillas,
y se miren tus frondas
de sus aguas dormidas al espejo,
de sus aguas sencillas,
de sus aguas sin ondas
en que nacen de noche las estrellas,
meditando al reflejo
que del cielo y de ti se junta en ellas.
No busques luz, mi corazón, sino agua
de los abismos,
y allí hallarás la fragua
de las visiones del amor eterno;
allí donde no llegan del invierno
los temporales,
ni llegan cataclismos,
allí están las visiones cardinales.
Y esta misma agua mansa
que de roer los duros peñascales
jamás se cansa,
sustancia es de los cielos de que llueve,
y el cielo mismo, el cielo en que se mueve
el coro de las luces siderales,
verás, si miras bien, cómo se asienta,
y como en el vacío

la Tierra sobre el cielo se sustenta:
el cielo está a tus pies, corazón mío

***

La elegía eterna

¡Oh, tiempo, tiempo,
duro tirano!
¡Oh, terrible misterio!
El pasado no vuelve,
nunca ya torna
¡antigua historia!,
Antigua, sí, pero la misma siempre,
¡aterradora!
siempre presente...

***

Lo conciencia deshecha,
de la serie del tiempo,
¿qué es lo que queda?
¿Qué de la luz si se rompió el espejo?

***

Feroz Saturno,
¡oh, Tiempo, Tiempo!
¡Señor del mundo,
de tus hijos verdugo,
de nuestra esclavitud lazo supremo!

Una vez más la queja,
una vez más el sempiterno canto
que nunca acaba,
de cómo todo se hunde y nada queda,
que el tiempo pasa,
¡irreparable!
¡Irreparable! ¡Irreparable! ¿Lo oyes?

¡Irreparable!
¡Irreparable, sí, nunca lo olvides!
¿Vida? La vida es un morir continuo,
es como el río
en que unas mismas aguas
jamás se asientan
y es siempre el mismo.
En el cristal de las fluyentes linfas
se retratan los álamos del margen
que en ellas tiemblan
y ni un momento a la temblona imagen
la misma agua sustenta.

¿Qué es el pasado? ¡Nada!
Nada es tampoco el porvenir que sueñas
y el instante que pasa
transición misteriosa del vacío.
¡Al vacío otra vez!
Es torrente que corre
de la nada a la nada.
Toda dulce esperanza
no bien la tocas
cual por magia o encanto
en recuerdo se torna.
Recuerdo que se aleja
y al fin se pierde,
se pierde para siempre.
¡Oh, Tiempo, Tiempo!
Repite, mi alma, sí, vuelve y repite
la cantinela,
la letanía triste,
la inacabable endecha,
la elegía de siempre,
de cómo el tiempo corre
y no remonta curso la corriente.

El ¡ay! con que se queja el que padece
de antigua pena
es siempre el mismo,
el lamento de siempre;
repetirlo es consuelo,

en rosario incesante, como lluvia
una vez y otra y ciento…
¡Oh, Tiempo, Tiempo,
duro tirano!
¡Oh, terrible misterio!
¡Potro inflexible del humano espíritu!
¡Qué pobres las palabras…!
La sed de eternidad para decirnos
el lenguaje no basta,
es muy mezquino…
Terrible sed,
sed que marchita para siempre al alma
que el océano contempla.
¡Inmenso océano!,
que nuestra sed no apaga,
solo la vista llena,
¡océano inmenso de ondas amargas!

¿Imágenes? Estorban del lamento
la desnudez profunda,
ahogan en floreos
la solitaria nota honda y robusta…
Pero imágenes, sí, acordes varios
que el motivo melódico atenúen…

***

Es la elegía que el silencio entona,
el silencio, lenguaje de lo eterno,
mientras esclava vive
la eternidad del tiempo…

***

¿Hiciste añicos el reló? ¡No basta!
¡Acuéstate a dormir… es lo seguro,
hundido para siempre
en el sueño profundo
habrás vencido al tiempo
tu implacable enemigo!

¡Ayer, hoy y mañana!
Cadena del dolor
con eslabones de ansia...

¡Con las manos crispadas te agarras
a la crin del caballo,
no quieres soltarla
y él corre y más corre,
corre desbocado
cuanto tú más le aprietas
con más loco paso!

No así me masculles en tu boca,
¡feroz Saturno!
¡Acaba, acaba presto, de tus horas
implacable enemigo!
Cesa el moler continuo,
¡acaba ya!
Quiero dormir del tiempo
quiero por fin rendido
derretirme en lo eterno
donde son el ayer, hoy y mañana
un solo modo
desligado del tiempo que pasa;
donde el recuerdo dulce
se junta a la esperanza
y con ella se funde;
donde en lago sereno se eternizan
de los ríos que pasan
las nunca quietas linfas;
donde el alma descansa
sumida al fin en baño de consuelo
donde Saturno muere;
donde es vencido el tiempo.

***

En una ciudad extranjera

Las gentes pasan;
ni las conozco

ni me conocen.
Los unos ríen,
en los otros se ve que han llorado,
y ni sé su alegría
ni sé su pena.
Ve aquí que me hallo solo
dentro del mar humano,
mar de misterio.
Se me acerca un mendigo
y con voz quejumbrosa
algo me dice que apenas entiendo
tendiéndome la mano,
y sé muy bien qué pide.
¡Oh, mano humana;
universal tu lengua!
¡Oh, mano de trabajos y de adioses,
madre del arte,
madre también del crimen;
de los pobres mortales
gloria e infamia!
¡Oh, mano humana,
que ríes y que lloras
si te abres o te cierras;
ya los rientes dedos derramados,
ya postradas sus yemas,
abatidos los cuatro
que son mellizos
bajo el duro pulgar que los soyuga
en crispación de ira!
¡Oh, mano humana!
Riente me la tiende este mendigo,
y en su risa solloza;
con sus dedos suplica.
Su mano pide mano.
Si todos nos las diéramos
como en rueda de danza,
Dios cuajaría,
chispas de Dios darían nuestros pechos...
Se fue el mendigo
buscando lástima...

La calle se ilumina,
sonríe el cielo
y todos me parecen conocidos.
Es que ellos vienen...
ellos son él y ella...
Se miran a los ojos,
ciegos al mundo,
las miradas mirándose.
Triunfa en ella la vida;
el aire que respira vuelve humano
desde sus labios rojos,
y en el celeste azul de sus pupilas
la luz se amansa;
bate su pecho
el compás de las cosas y los hombres.
Y él a su lado
no cabe en sí y a todos nos anima,
diciéndonos su gloria:
¡he aquí el hombre!
Al bordearlos se sienten cuantos pasan
más humanos, más buenos;
uno suspira
envuelto en añoranzas del antaño...
Y ellos dos siguen,
batiendo el suelo con andar pausado,
los ojos en el cielo,
los ojos en los ojos.

Se hinche la calle
de pureza y dulzura;
parece el mar sencillo
cuando del alba en el regazo dulce
canta el salmo sereno
del eterno reposo...
En brazos de su madre
un niño viene sonriendo al mundo...

Como yo él no entiende
a los que pasan,
ni los conoce.
La manecita al cuello

de su fuente de vida
mira a Dios cara a cara y se sonríe.
Y ella, la joven madre,
sumergida en el aire en que su hijo
y todos respiramos,
mientras pasa serena,
"he aquí la mujer" decir parece.

Se hinche la calle
del más viejo misterio.
Más lentos son los pasos
de los que pasan.
Descubren sus cabezas.
Por medio de la rúa,
por donde lleva el hombre
las cargas del trabajo,
y sus despojos,
le llevan al que un tiempo
reía en las aceras…
Como yo él no entiende
a los que pasan,
ni los conoce;
en su caja tendido
mira a Dios cara a cara y… ¿goza o duerme?

Pasa una flor humana
de colores chillones que al aire
flotan como banderas;
el rojo de amapola,
la gualda de retama,
azul de clavelina,
cabellera como una crisantema,
ojos que arden en fiebre,
carnes a todo sol y acres perfumes
de bosque en sementera.
Brinda a todos su cáliz, luego se aja,
sin dar semilla.
La humana flor carnívora,
la flor de estercolero
de las ciudades;
la que chupa los tuétanos

con la inconsciencia torpe del pecado.
Va encendiendo en los ojos
de los que pasan
la antorcha del deseo,
sacudiendo la carne.
Y prosiguen más tristes su camino,
sin detenerse.

Ve, se detienen, sí, ¿por qué es que vuelven
todos sus ojos?
¿Qué así les llama
cuando ni la miseria
que tiende temblorosa mano humana,
ni el amor encarnado,
ni el alba de la vida.
ni su noche rodeada de misterio
merecen su saludo?
Un hombre de otro traje;
de otro color, de traza peregrina,
que pasa solitario
recojiendo miradas,
¡y soñando quizás en otras tierras!
¡El extranjero!
¿Dónde nació? ¿De dónde y a qué viene?
¿Quién es el hombre extraño
que la costumbre rompe?
¿Qué habrá en su tierra?
¿Será su Dios el nuestro?
¿Nos admira o sonríe de nosotros?
¡Cuántas tierras, Señor, no conocemos!
¡Cuántos se mueren
ignorantes del caso
que aquí a todos embarga
y hasta a los niños narran las nodrizas!

Voy a sentarme aquí, bajo este tilo,
que me recuerda al tilo de mi pueblo,
aquel que alza su copa
donde rodó mi cuna
y es él cuna de pájaros
que cantaron los juegos de mi infancia.

Memorias su perfume
me trae de aquellas gentes
que son las mías,
que conmigo se hicieron;
¡la patria resucita!
Se acerca un perro
que acariciar se deja por mi mano
y acepta sin repulgo
azúcar que le brindo.
Y él me recuerda
la hermandad que nos ata a los humanos.
Lo que nos une
son las yerbas, los árboles, los frutos
y son las bestias
que a nuestro recio arbitrio soyugamos;
lo que nos une
no son los corazones, son las obras.
No nos brota de dentro
esta hermandad que a todos nos envuelve
y nos hace un linaje;
es nuestra obra
la que nos ciñe
y a abrazarnos nos fuerza con su abrazo.
Cada cual va dejando
de su labor el fruto
atento solo a su menguado logro
o a menguado renombre,
y esos frutos nos ciñen,
nos atan y nos fuerzan
a darnos el abrazo de que brota
la sociedad humana.
Tú das tu fruto,
yo doy el mío,
los cambiamos y nace
la hermandad que nos une.
Las cosas, no los hombres,
hicieron de nosotros un linaje;
es la casa que habitas
y que antes otro como tú habitara.
Ven, perro amigo,
obrero de hermandad entre los hombres,

pues tú nos unes
más que nosotros mismos nos unimos
de propio impulso.
Si algún día el amor desde el recóndito
cáliz del corazón brota a los pechos,
tiembla en la boca,
irradia por los ojos,
y el hombre en ansia de hombre
busca a su hermano;
si algún día se posa
nuestra pobre hermandad en las entrañas
de cada hombre,
entonces esta fábrica
de las vastas ciudades
se ajará como flor que dio su fruto
y acabará la tierra
por ser el Paraíso.

...¡ajo!, oigo exclamar, vuelvo la cara
al sentir que me rompe
la soledad ese brutal acento;
la patria me saluda
con su voz más doméstica
cuando en ella soñaba
mecido en el aroma de los tilos...
...¡ajo! Es la patria
la que encontramos hecha,
la que vive, la histórica, es España...
Bien, ¿y la otra?
Adiós, tilo agorero,
adiós, perro mi amigo,
vuelvo a la muchedumbre
que no conozco
ni me conoce.

Porto, 1 y 2 VII 1906

***

Canta la noche

Asomándose al cielo de la selva
escuchan las estrellas en silencio,
del ruiseñor el canto, voz alada
de las entrañas de la noche augusta.
Cantan amores al abierto cielo
que cierra el sol, al alba, con sus llaves
de oro encendido; cantan las tinieblas.
Canta la noche; arrulla el sueño dulce
de los rendidos hijos de la vida
y en su regazo los acoje a todos
bajo una sola manta negra y suave.
Sombra no se hacen entre sí los seres,
ni luchan por la luz; todos se abrazan
en el regazo de la buena madre.
Canta la noche; arrulla el sueño dulce
de los rendidos hijos de la vida;
canta la noche, y con su canto vierte
un dulce olvido en los llagados pechos;
canta la noche y con su canto lava
las visiones que al alma congojosa
le metió bajo el sol que el cielo cierra
el silencio mortal del medio día.

***

NARRATIVAS

***

Beso de muerte

Iba a besarla cuando, grave, el padre:
"¡niño!", y ella,
alzando aquellos ojos
henchidos de hermosura y de tristeza
con los pálidos labios exangües,
¡la pobre enferma!,
susurró dulcemente:
"Muerte, hijo mío, en mi boca se cela...
bésame con los ojos, de lejos,
así, con los ojos, ¡mi prenda!",
y surcaron sus blancas mejillas hundidas
dos lágrimas lentas.
"Llevarán la muerte,
di, ¿también ellas?",
y del hombre los ojos severos
se anegaron en pena,
y surcaron también sus mejillas
lágrimas llenas.
"¿Quién sabe si bebió ya de mi boca
el jugo que envenena,
quién sabe si a su rastra el pobre pronto
ha de seguir mi huella?
¿Por qué morir tan joven,

al verdecer la tierra?
Dime tú que escudriñas
del misterioso cuerpo la entretela,
¿qué oscura sombra es esta que me arrastra,
que mi mirada vela?
Morir así, esparciendo
la muerte en derredor... Espera...
Sí, ya pasó... creí que me moría...
al empezar la vida... pasajera...".
"No te acongojes... Calla...".
"Sí, está bien, hasta el hablar me vedas...".
"No, mujer, si no es eso...".
"Deja que en paz me muera,
en paz y a gusto... Sin tropiezos...".
"Habla, sí, di, mujer, di cuanto quieras...".
"Decir... decir... y dime... no me atrevo...".
"¿Y por qué no? ¿Qué quieres? Sé sincera...".
"Una vez... ¿Solo una vez, qué importa?
¡Ay, qué poco me queda!
¿Por una vez qué riesgo correrías?
¡Ah, no me atrevo... deja...!".
¡Y al borde de la muerte su mirada
súplica era de amor, toda una queja!
Y él sintió sus entrañas
que se fundían en piedad extrema
dobló la frente,
juntose húmeda boca a boca seca,
y un largo beso
llevó como viático la enferma.
Y al levantar su boca, acongojado,
dejó a la otra muerta.
"Si en él bebí la muerte —pensó el hombre—,
¡bendita sea!".

***

Muere en el mar el ave que voló del buque

Me duelen las alas rendidas del vuelo,
el pecho me duele; arriba está el cielo
y abajo está el mar.

No veo ya el buque ¿por qué de él saliera
creyendo a la isla de paz duradera
poder arribar?

El cielo callado no ofrece ni rama
que pueda tenerme y fiero el mar brama;
¿por qué te dejé?

Ni en aire ni en agua posible es posarme,
las alas me duelen; el mar va a tragarme
¡y muero de sed!

Las alas me duelen, la sed me enardece;
ya casi no veo; la Esfinge me ofrece
sus aguas sin fin.

Y el canto de cuna me canta la tumba
y espera cantando que pronto sucumba;
tragarme ella en sí.

Volando, volando, no encuentro un islote,
ni un tronco perdido; y el viento es mi azote;
no puedo posar.

Las olas traidoras, sus crestas me brindan
que fingen peñascos, que tal vez me rindan,
me logren tragar.

Son olas traidoras, del cielo las crestas,
pedrisco tan solo soportan a cuestas,
en su cerrazón.

Nos mienten sus flancos; les falta sustento;
en ellos no puedo posada un momento
cobrar corazón.

Aire solo arriba, solo agua debajo,
yo solo mis alas, ¡qué recio trabajo
este de volar!

Porque, oh, dulce buque, dejé tu cubierta,
volando a la patria que encuentro desierta,
de la inmensidad.

Mi buque velero, soñé en tus cordajes,
del bosque nativo los dulces follajes,
el nido de amor.

Tus velas me dieron su sombra y su abrigo,
dejé tu cubierta ¡Qué duro castigo
me aguarda, Señor!

Me duelen las alas ¡ay! me duele el pecho,
y terribles ganas —abajo está el lecho—
siento de dormir;

de dormir el sueño de que no se vuelve,
mi encrespada cama cómo se revuelve;
¿qué será de mí?

Ahora mar encima, cielo abajo veo
todo ha dado vuelta, menos mi deseo;
¡fuerza me es volar!

Sobre mí el océano siento se embravece,
a mis pies el cielo tiéndese y me ofrece
su seno de paz.

Sobre mi cabeza ruedan ya las olas,
ved que yo me muero, que me muero a solas,
¡sin consolación!

Oh, qué hermoso cielo veo en el abismo;
¿si será aquel cielo?, ¿si será este el mismo?,
¿si será ilusión?

Va el cielo a tragarme; ¿es que subo o caigo?
¿Es que me desprendo, o es que prendo arraigo?
¿Es esto morir?

¿Dónde está el abajo? ¿Dónde está el arriba?
¿Es que estoy ya muerta? ¿Es que estoy aún viva?
¿Es esto vivir?

¡Oh, ya no me duelen, ved, sobre ellas floto,
la cabeza hundida, y en el pecho roto
me entra entero el mar!

Voy en él durmiendo, voy en él soñando,
voy en él en sueños volando volando,
sin jamás parar.

***

Quejas de la esposa

Cuando te pones de hinojos
el corazón se me ensancha;
alza a la Virgen tus ojos, ojos sin mancha,
reza conmigo, mi amor.

Reza por él, porque vuelva
a mi jardín recojido,
en lo peor de la selva
lucha perdido,
tras hechizo engañador.

Pide hijo mío, a mis brazos
la dulce Virgen le traiga;
de la hechicera en los lazos
pide no caiga
reza, hijo mío, con fe.

Oh, te engendró en mi cariño,
¡de mis recuerdos tesoro!
¡Calla, no llores, mi niño...,
si es porque lloro
yo contigo lloraré...!

Entre lágrimas mezclemos
mi pesar y tu inocencia,
tal vez así lograremos
de la clemencia
del Señor le torne a paz.

Tú no sabes por qué lloras,
si no lloras por mi llanto,
llegarán las tristes horas
de tu quebranto
y lo que hoy lloras sabrás.

Reza tú que no conoces
el peligro que te amaga,
oye mejor Dios las voces
a que no estraga
de la dicha el interés.

Reza tú, limpio cordero,
reza conmigo, hijo mío,
pide le vuelva al sendero
vera del río
donde sus penas lavé.

Del río de la costumbre
sola fuente de sosiego,
pide a la Virgen le alumbre,
¡pobre, está ciego!,
pide que le vuelva a mí.

Y que en mis brazos olvide
sus fugitivos ardores,
pide que siempre el que pide
por ley de amores
vence y logra recibir.

Los besos con que hoy te besa
llevan veneno y mancilla,
y en ellos sucia pavesa;

por lo sencilla
no mancha a tu alma su ardor.

Cuando te besa bien veo
como tus ojos me miran,
tú no lo sabes, mas creo
que ellos suspiran
mientras sonríes, mi amor.

Torpes votos me provoca
de rencor mi desventura...,
reza tú, porque en tu boca
pura se apura
la oración de toda su hez.

Lleva a la Virgen mis duelos
en alas de tu pureza
reza alegre, que en los cielos
es mi tristeza
de la carne pequeñez.

Reza, hijo mío... ¿Sonríes?
Así te quiero, risueño...
(Corazón, no desconfíes
de que tu dueño
si te esfuerzas, vuelva a ti).

Levántate ya, hijo mío,
que estoy serena y tranquila,
¿no ves que también sonrío?
Ya no vacila
mi pobre fe, ¡ya vencí!

Ven a mis brazos, mi prenda,
quiero en los ojos besarte...
Contigo al lado en mi senda,
Dios de mi parte,
¿qué me importa lo demás?

Y ahora vete, corre, canta...
¡Adiós!... ya se fue... ¡Me muero!

¿Hasta cuándo, Virgen santa,
pesar tan fiero?
¡Me muero... no puedo más!

***

El ciprés y la niña

Junto a la verde albahaca
está la triste niña,
el codo en el alféizar,
la rosada mejilla
descansando en la mano
y clavada la vista
de la calle en el fondo
donde en el cielo linda
la cerca del convento
tras de la cual estira
un ciprés solitario
su negrura nativa.
Está a ver cuándo llega,
esperando la cita.
Hace ya largo tiempo
que sueña, aguarda y mira,
el codo en el alféizar,
la rosada mejilla
descansando en la palma
de la mano y perdida
la mente soñadora
tras del ciprés, la niña.
¿Quién, cuándo, dónde y cómo
a la triste dio cita?
¿Quién? Ella no lo sabe;
¿cuándo?, en los dulces días
en que perdió la infancia
al recoger la vida;
¿dónde?, en el medio mismo
del alma ya intranquila;
¿cómo?, ¿con qué palabras?
¡Sin palabras! Suspira

desde el fondo del pecho
y aguarda, ¡cuitadilla!
Cuando el sol la despide
llevándose otro día,
del ciprés la negrura
con su arrebol aviva.
En el cielo encendido
severo se perfila
como columna trunca
resto de alguna ruina,
y parece decirle:
¡Ten paciencia, hija mía!
Sobre él pasan las nubes
como pasan los días,
y el galán de los sueños
no acude, no, a la cita;
y entre tanto atalaya
el ciprés la campiña.
Mirándole amorosa
la pobre le decía:
mi negro centinela,
cuando llegue, me avisas,
avísame si duermo,
no me dejes dormida,
despiértame si pasa,
que se me van los días
y se me va con ellos
la esperanza de dicha.
Y el ciprés esperaba
y esperaba la niña
y el galán esperado
tanto esperar se hacía
que dio en pensar la pobre
en la huerta tranquila
que detrás de la cerca
su reposo le brinda.
Se encerró en el convento
buscando allí la dicha
que en el mundo no hallaba,
esperando la cita
del galán de los cielos,

esperando rendida
que el Esposo Divino
la llamara algún día.
Y allí todas las tardes
se sentaba la niña
del ciprés a las plantas,
el codo en la rodilla,
en la pálida mano
la pálida mejilla,
y la mente que sueña
en los cielos perdida.
Y al ciprés confidente
la pobre le decía:
¡Mi negro centinela!
Cuando baje me avisas,
avísame si duermo,
no me dejes dormida,
despiértame si pasa,
que se me van los días
y se me va con ellos
la esperanza de dicha.
Y el ciprés le responde:
¡Ten paciencia, hija mía!
Con paciencia muriose,
de esperar se moría,
y al pie del árbol negro
le dan tierra bendita.
Y allí espera la pobre,
allí espera dormida
a que por fin le llegue
la hora de la cita.
Y en las serenas tardes
de los tranquilos días
cuando el sol al ponerse
los cielos encarmina,
el ciprés solitario
que a la infeliz cobija
parece susurrarle:
¡Ten paciencia, hija mía!
¿Y la albahaca? Se hiela
una mañana fría

en que un galán que pasa
en busca de la dicha
al levantar los ojos,
hambrientos de la niña,
se encuentran, bajo el cielo,
la ventana vacía.

***

Sísifo

κατὰ δ' ἱδρὼς
ἔρρεεν ἐκ μελέων, κονίη δ' ἐκ κρατὸς ὀρώρει

Odisea XI 599-600

Siglos de siglos la maldita roca
volteó, abrumado, hasta la cumbre Sísifo;
con el roce molíala, y en polvo,
que coronaba en nube su cabeza,
la iba esparciendo sobre el suelo el viento
que enjugaba el sudor que el cuerpo baña
del condenado. Y la montaña misma,
la de empinada cresta, se embotaba
como diamante a friega de diamante.
Vencedor del suplicio, está el soberbio
descansando —¡descansa al fin!— tendido
de una colina sobre el lomo suave,
con paz respira y en la mano tiene
un rodado pedrusco con que juega
como con una taba juega un chico,
y en el cielo sus ojos silenciosos
fijando sin rencor, decir parece:
Se acaba todo, ¡oh, Jove, hasta la pena!

***

REFLEXIONES, AMONESTACIONES Y VOTOS

***

Haga Dios que del mundo en las mudanzas
Las dulces esperanzas
Con que hoy tu pensamiento se gloría
Séante al cabo, en apacible invierno
Recuerdos aun más dulces todavía
Que te acompañen en el viaje eterno.

***

Portazos

Mira, no me des portazos
eso de nada te sirve,
¿o crees tú que mis reproches
a esos golpes habrán de irse?
Cierra la puerta mansito,
ciérrala con mano humilde,
siéntate aquí, junto al fuego
y dime ahora, ¿qué me dices?
Sí, sí, ya sé que de noche
tu corazón queda triste,
ciérralo, pues, mas sin llave
por si acaso algo le aflige.

Si la congoja le prende
y palpitando te pide
socorro en las altas horas,
¿cómo has de entrar a asistirle?
Entorna no más su puerta,
que por la rendija filtre
la luz del alba piadosa
cuando el sol el cielo viste.
No así te cierres por dentro,
no andes trazando deslindes;
el poner puertas al campo
sabes bien para qué sirve.
Echa esas llaves al río;
el amor al alma ciñe
con cinto que aun siendo fuerte
es a la vez muy flexible.
Sin dar portazos de enojo
puedes mostrarte muy firme,
que esos amagos de engaño
sabes bien que no me rinden.

***

Vencido

"¿Y qué hacer —me decía—
si no tiene remedio...?".
Y yo entonces le dije,
por vía de consuelo:
—Llorar, pues no le tiene;
gritar a todo pecho—.
"Ah, es que Dios no oye...".
—¿Que no oye? ¡Pues por eso!,
llorar, gritar, dar voces...—.
"¡Es voz en el desierto...!".
—Abrámosle el oído
a fuerza de lamentos;
gritemos noche y día;
padece fuerza el cielo...—.
"Oh, ni aun así tampoco...

morir... no hay más remedio...".
—¿Morir? ¡Luchar sin tregua!
¡Sitiemos al misterio!—.
"¡Luchar sin esperanza...!".
—¿Sin esperanza? Tengo
como esperanza última
la del final sosiego
en pos de la derrota—.
"¿La derrota? No quiero
ser vencido".

—Es más dulce
descanso, más sereno,
vivir en el seguro
firme del vencimiento
que no en la incertidumbre
del que dice: ¡no quiero!—
"¡La derrota es la muerte!".
—No, sino el santo término
de vida noble y alta;
¡es la flor del denuedo!
Vencer o ser vencido:
¡Esto es ser hombre entero!
¡Ser hombre, ser más que hombre!
¡Ser digno del Eterno!
Y ser por Dios vencido...
¿Cabe mayor extremo
de gloria y de victoria?—.
"A quien Dios vence, temo...".
—¿Qué temes, hombre flaco,
no ya vencido, yerto?
Dios a quien vence mete
por su mano en el seno
de la eterna victoria;
¡levántate, luchemos!—.
"Levántate, me dices,
¡levántate!... ¡no puedo!".
—¿Poder? ¡Pide a Dios fuerzas!—.
"¿Contra Dios?".

—¡Por supuesto!
Él te dará las armas
del combate supremo,
pues para conquistarnos
quiere que le asaltemos—.
"Oh, déjame, no insistas,
que yo luchar no quiero...".
Y yo entonces le dije:
—¡Ni siquiera estás muerto!

***

Música

¿Música? ¡No! No así en el mar de bálsamo
me adormezcas el alma;
no, no la quiero;
no cierres mis heridas —mis sentidos—
al infinito abiertas,
sangrando anhelo.
Quiero la cruda luz, la que sacude
los hijos del crepúsculo
mortales sueños;
dame los fuertes; a la luz radiante
del lleno mediodía
soñar despierto.
¿Música? ¡No! No quiero los fantasmas
flotantes e indecisos,
sin esqueleto;
los que proyectan sombra y que mi mano
sus huesos crujir haga,
son los que quiero.
Ese mar de sonidos me adormece
con su cadencia de olas
el pensamiento,
y le quiero piafando aquí en su establo
con las nerviosas alas,
Pegaso preso.
La música me canta, ¡sí!, ¡sí!, me susurra
y en ese sí perdido

mi rumbo pierdo;
dame lo que al decirme "¡no!" azuce
mi voluntad volviéndome
todo mi esfuerzo.
La música es reposo y es olvido,
todo en ella se funde
fuera del tiempo;
toda finalidad se ahoga en ella,
la voluntad se duerme
falta de peso.

***

Orientación

¿Orientarse? La paloma
sube al cielo cuando quiere
tomar rumbo; el horizonte
todo otea, y de repente,
recto y firme y bien seguro
como un dardo el vuelo emprende.
¿Orientarse? La gallina
presa al suelo, de ala inerte,
del corral en que naciera
poco o nada el paso mueve,
picotea en tierra el grano
y en la percha el sueño prende,
y así sin pena ni gloria
nace, crece, cría y muere.
¿Orientarse? Desde el cielo
se descubre, claro, oriente;
y entre breñas y malezas
su luz divina se pierde.
Si queremos orientarnos
cara al Sol, que al alma enciende,
levantemos nuestro vuelo
dejando al grano perderse
de vista mientras buscamos
envueltos en luz, oriente.
Y cuando allá desde el cielo

nuestro rincón como leve
mota se funda en la vasta
redondez que se nos muestre
flotando en el cielo mismo
que la ciñe y la sostiene,
columbraremos la cuna
del Sol del alma encenderse.

***

Las siete palabras y dos más

"Mi paz os dejo", dijo aquel que dijo
"no paz he traído al mundo, sino guerra";
sobre la cruz en paz muriose el Hijo
y envuelta en guerras nos dejó la Tierra.

"Mi paz os dejo", y es la paz de dentro,
bajo la tempestad calma en el fondo;
y esa paz, buen Jesús, ¿dónde la encuentro?
¿Dónde el tesoro de mi amor escondo?

Dura, Jesús, la guerra que trajiste,
y se perdió la paz que nos dejaste;
tu paz, manso rabino, ¿en qué consiste,
ya que el sereno Olimpo nos cerraste?

"Perdónalos, Señor, son ignorantes
de lo que haciendo están", y en ti fiados,
siguen haciendo lo que hacían antes
de Tú venir, y se hacen desgraciados.

"Hoy entrarás conmigo en la morada
de mi Padre", y confuso su sentido,
deja para el morir tomar la estrada
que lleva a la virtud cualquier bandido.

"Tengo sed", y a la fuente de ventura
subiste, buen Jesús, y acá en el suelo

muertos de sed quedamos, y en la horrura
se enfanga el agua que nos manda el cielo.

"Mira, mujer, tu hijo; tú, tu madre",
a María y a Juan fue tu consejo;
¿dónde nos dejas, di, dónde al buen Padre
en que te viste tú como en espejo?

"¿Por qué, Señor, me has abandonado?".
¿Y por qué tú, Jesús, así nos dejas?
Mira que vamos como va, dejado,
sin pastor, al azar, hato de ovejas.

"¡Encomiendo mi espíritu en tus manos!",
y tu respiro se fundió en la gloria,
y sin él, aquí abajo tus hermanos
cuajan con sangre y lágrimas la historia.

"Está acabado" fue, al morir, tu grito;
así tu obra acabó, Maestro Sublime;
hoy nuestra voz se pierde en lo infinito;
y ahora, buen Jesús, ¿quién nos redime?

***

ΓΝΩΘΙ ΣΑΥΤΟΝ

"Conócete a ti mismo"; el pensamiento
de la divina Grecia
culminó en esa flor sus enseñanzas,
¡la rosa de la ciencia!
"Conócete a ti mismo", y este mismo
fuera de mí se encuentra,
soy en mí mismo Dios, Dios me ha traído,
y es Dios quien me sustenta;
Dios conmigo se funde, y en mi seno
mi vida toda llena.
Llegar a mí no puedo si no paso
por su divina esencia;

entraré cuando muera en mi secreto,
a Dios conoceré cuando me muera.

***

No eres tuya

No eres tuya, no eres tuya; no recuerdas;
no te quieres, no te quieres, pobre niña,
y si no recuerdas, dime, ¿cómo quieres
llamar tuya a esa tu vida?

Esa tu alma —así la llamas—, niña, dime,
si en tu pecho de recuerdos no es tejida,
¿cómo es alma?, ¿cómo es tuya?, ¿cómo vive?
¡Vives muerta, pobrecilla!

Llegará un día muy triste, no lo dudes,
en que llores en silencio de agonía
porque no puedas querer a quien te quiera
y, ¡ay de tu alma en aquel día!

Buscarás en las honduras de tu pecho,
llanto tierno como riego de la dicha,
¡seco encontrarás el corazón y muerta
la corriente de la vida!

No te quieres, no te quieres, desgraciada,
y si no sabes quererte, pobre niña,
cuando de otros el cariño necesites
será la hora ya tardía.

Búscate alma en el recuerdo y serás tuya,
nunca olvides, nunca olvides, que el que olvida
pierde el alma y no la encuentra, y es su muerte
al morir definitiva.

***

Dices que no me entiendes…

Dices que no me entiendes…
¿y qué importa, bien mío?
Tampoco yo te entiendo,
y tengo tu cariño.

Si ante ti está mi mente
cercada en grueso muro,
en cambio aquí te traigo
mi corazón desnudo.

Yo no sé lo que piensas
y aun si piensas ignoro,
me basta que tu pecho
se me haya abierto todo.

La mente es infinita,
el corazón eterno,
aquí en tu rinconcito
por siempre viviremos.

***

Al pie del sauce

Aquí, al pie del sauce,
viendo correr las aguas
apuraré en mi pecho
las penas de mi patria.
Aquí, al pie del sauce
la historia de mi España
recorreré en olvido
de lo que en ella hoy pasa.
Enfrente, en la otra orilla,
un pescador de caña
me da cumplida imagen
de eso que llaman "masa",
del desdichado pueblo
que ni odia ya ni ama.

Aquí, al pie del sauce,
veré correr las aguas
por si ellas una cuna
trajeran de pasada,
cuna en que el cielo un niño
dormido nos mandara,
y es el Moisés que a todos
nos finge la esperanza,
el Moisés que nos saque
de esta tierra encantada,
y nos lleve al desierto
donde Dios nos aguarda.
Y un día desde el monte,
en radiosa alborada,
muriéndose de viejo,
les muestre en lontananza
brillar a nuestros nietos
la tierra deseada,
les muestre bajo el cielo
nacer, por fin, la patria.
Aquí, al pie del sauce
veré correr las aguas,
mientras en ellas pescan
los pobres su mañana,
y esperaré que el cielo
la patria, al fin, nos abra.

***

INCIDENTES AFECTIVOS

***

A sus ojos

Mansos, suaves ojos míos
tersos ríos
rebosantes de quietud;
al beber vuestra mirada
sosegada
llega mi alma a plenitud.
Sois, mis ojos, viva fuente
sonriente
de que fluye vivo amor;
al tomar vuestra luz pura
es dulzura
cuanto amáis en derredor.
Me miráis, ojos de mi alma,
con la calma
con que mira el cielo al mar,
con bendita paz serena
toda llena
de la dicha de esperar.
En vosotros se depura
toda horrura
que prenda en mi corazón,
en vosotros se serena
mi honda pena

y vuelvo a resignación.
Oh, mis dulces dos luceros
manaderos
de la luz que a Dios pedí,
Dios por vosotros me mira
y respira
por vosotros Dios en mí.
Cuando mi alma va perdida,
sin salida,
del mundo en la confusión,
al miraros en los míos
me da bríos
vuestra dulce y casta unción.
Cuando llegue a mí la Muerte,
¡trance fuerte!,
y apague mi loco afán,
a la luz de esas pupilas
tan tranquilas
mis congojas dormirán.
Y al sonarme la partida
tan temida
el Ángel de Libertad,
tomaré en vosotros puerto
siempre abierto,
al mar de la eternidad.
Brizará aquel recio día
mi agonía
de tu mirada el cantar
llevándome silencioso
al reposo
del sueño sin despertar.
Se hundirán mis pobres ojos,
luego flojos,
en los tuyos al morir,
y de allí alzarán su vuelo
hacia el cielo
en que a muerte va el sentir.
Y en los ojos del Eterno,
Padre tierno,
de vuelta al eterno hogar,
gota de lluvia en océano

soberano
se habrá mi alma de anegar.
Oh, mis ojos, solo quiero
solo espero
que al volar de esta prisión
me guieis hasta perderme
donde duerme
para siempre el corazón.
Y si a ti, mi compañera,
te cumpliera
de este mundo antes partir,
la luz toda de mis ojos,
luego rojos,
con los tuyos se ha de ir.
Llevarás a la otra vida
derretida
de mis entrañas la flor
y de Dios al seno amigo
va contigo
de tu amor preso mi amor.
Y en la noche de este mundo,
errabundo
veré tus ojos brillar
cual luceros de esperanza,
de que alcanza
libertad quien sabe amar.
Oh, mis ojos, solo quiero
solo espero
que al volar de esta prisión
me llevéis hasta perderme
donde duerme
para siempre el corazón.
Oh, mis dulces dos luceros
mis veneros
de la paz que a Dios pedí,
Dios por vosotros me mire
y respire
por vosotros Dios en mí.

***

En la muerte de un hijo

Abrázame, mi bien, se nos ha muerto
el fruto del amor;
abrázame, el deseo está a cubierto
en surco de dolor.

Sobre la huesa de ese bien perdido
que se fue a todo ir
la cuna rodará del bien nacido
del que está por venir.

Trueca en cantar los ayes de tu llanto,
la muerte dormirá;
rima en endecha tu tenaz quebranto,
la vida tornará.

Lava el sudario y dale sahumerio,
pañal de sacrificio,
pasará de un misterio a otro misterio,
llenando santo oficio.

Que no sean lamentos del pasado
del porvenir conjuro,
bricen, más bien, su sueño sosegado
hosanas al futuro.

Cuando al ponerse el sol te enlute el cielo
con sangriento arrebol,
piensa, mi bien: "A esta hora de mi duelo
para alguien sale el sol".

Y cuando vierta sobre ti su río
de luz y de calor
piensa que habrá dejado oscuro y frío
algún rincón de amor.

Es la rueda: día, noche; estío, invierno;
la rueda: vida, muerte...
sin cesar así rueda, en curso eterno,
¡tragedia de la suerte!

Esperando al final de la partida
damos pasto al anhelo,
con cantos a la muerte henchir la vida,
tal es nuestro consuelo.

***

La huella de sangre de fuego

¡Seguidme! ¿Qué?, ¿no veis la ruta acaso?
¿No oís mi voz?, ¿tembláis ante el desierto?
¿Las estrellas no veis? ¡Va vuestro paso
sin rumbo cierto!

"¿Dónde está —respondéis— dónde el camino?
No bien pasas se borran de él tus huellas,
¡y no hemos de esperar nuestro destino
de las estrellas!

Siembra algo en él, pues vas tú muy de prisa
clava de trecho en trecho piedra de hito
buscárnoslo equivale a la requisa
del infinito".

Pero es que aquí nada tengo ahora a mano,
nada con qué marcaros vuestro rumbo;
habréis de caminar al azar vano,
de tumbo en tumbo.

Pero, sí, esperad, traigo un cuchillo,
sangre en el corazón, fuerza en el brazo,
señalaros sendero me es sencillo,
con firme trazo.

¿Lo veis? Con él me rasgo las entrañas,
las derramo fundidas por el suelo,
conmigo irá la huella, a las montañas,
¡subirá al cielo!

De mi sangre podéis seguir el hilo,
por donde voy sangrando es la vereda,
y allí donde yo muera, es vuestro asilo,
   allí la queda.

Voy sembrándome yo todo y entero
por llano, monte, piedras, polvo y lodo,
yo, yo mismo, yo soy vuestro sendero,
   ¡tomadme todo!

De la divina estrella que es mi norte
la luz toda en mi sangre aquí os dejo,
¿no la veis cómo brota? ¡No os importe!
   ¡Yo soy su espejo!

Nunca, alma desdeñosa, tú, cobarde,
buscaste adormecerte en el sosiego;
¡deje tu corazón que en sangre arde
   rastro de fuego!

Agua sacó Moisés de seca roca,
yo quiero con mi sangre marcar hierra,
fuego quiero que caiga de mi boca
   sobre la tierra.

Sangre de fuego que la roca escalda...
¿La montaña os estorba? Mi trabajo
de dolor me costó, mas ved su falda
   quebrada en tajo.

Esa estrella que allá, desde la cumbre,
frío, apagada os manda su destello
metiome al corazón toda su lumbre,
   ¡sangra por ello!

"Una de tantas —me decís—; se anega
su luz del cielo en el inmenso coro".
No sabéis ver; la inmensidad os ciega
   con polvo de oro.

Vosotros no tenéis estrella propia;
la polar, a su vez, se os oscurece;
tenéis que caminar sobre la copia
que en mí florece.

Quien su estrella no ve si se hace día
ni de su dulce luz siente la brasa
dentro el pecho, no puede ese ser guía,
quédese en casa.

Os dejo de mi sangre en el reguero
la luz, cernida en mí, de esa mi estrella,
ved cómo a quien debéis vuestro sendero
no es sino a ella.

***

Para el hogar

Llegué empapado en agua de tormenta;
el mar bramando por sus miles de olas
buscaba presa y allá arriba el cielo
fruncía osco su frente
de soberano.

Me hizo sentar junto a la llama viva
de una hoguera, atizola cuidadoso
y en silencio, arrimó luego a la llama
el casco renegrido
de una olla rota.

El pábulo del fuego no era leña
de bosque, no sangraba como suele
sangrar la leña lágrimas de jugo
cuando la escarba el fuego
por las entrañas.

Eran tablas, maderas que sirvieron
a los hombres; en ellas al quemarse

señales se veían de algún clavo
y el clavo mismo a veces
que se encendía.

Y allí cerca, en oscuro camarote
guardaba el solitario de la costa
viejas tablas, maderos carcomidos
por los revueltos mares,
con dejo humano.

Cojió un tablón con restos de pintura
y echolo al fuego, que subió de pronto
al sentir del aceite que aún vivía
deshacerse en su seno
la dulce lágrima.

Y a la luz de la hoguera embravecida
pude leer que la tabla agonizante
que su calor nos daba, en blancas letras
decía en fondo negro:
"Firme Esperanza".

Interrogué a mi huésped con los ojos,
me comprendió y rompiendo su mutismo
"Son los restos —me dijo— de naufragios
que el mar en sus tormentas
echa a la playa".

Y al fuego me acerqué mientras el madero
me daba su calor, y pensativo
vi sobre él, extenuado y moribundo,
crispándose las manos
al pobre náufrago.

Sobre él luchó, penó y oró aterido,
sobre él, muerto de sed, bebió el océano
con la mirada, viendo remolona
acercarse la muerte,
sobre él muriose.

Un trozo de timón ardió enseguida,
y el leño que guio a la pobre barca
por los revueltos mares, en pavesas
fue pronto a calentarme
del fuego pasto.

Y vi cómo las olas al navío
tragaban, de las llamas contemplando
el ardoroso abrazo en que moría
del timón confidente
lo que duraba.

Así, pensé, se queman los recuerdos
a calentarnos en las noches tristes,
cuando empapado el corazón en agua
de tempestad del mundo,
tiembla de frío.

Así, con pobres restos de naufragios
encendemos hogueras en las costas
y a sus llamas soñamos melancólicos
del mundo la tragedia
que no se acaba.

Y el mar no cesa, su cantar prosigue,
devora nuestras vidas y a la orilla
lanzando destrozados sus despojos
nos dice consolándonos:
"¡Encendeos con ellos el hogar!".

***

Veré por ti

"Me desconozco" dices, mas mira, ten por cierto
que a conocerse empieza el hombre cuando clama
"me desconozco" y llora;
entonces a sus ojos el corazón abierto
descubre de su vida la verdadera trama;
entonces es su aurora.

No, nadie se conoce, hasta que no le toca
la luz de un alma hermana que de lo eterno llega
y el fondo le ilumina;
tus íntimos sentires florecen en mi boca,
tu vista está en mis ojos, mira por mí, mi ciega,
mira por mí y camina.

"Estoy ciega" me dices; apóyate en mi brazo
y alumbra con tus ojos nuestra escabrosa senda
perdida en lo futuro;
veré por ti, confía; tu vista es este lazo
que a mí te ató, mis ojos son para ti la prenda
de un caminar seguro.

¿Qué importa que los tuyos no vean el camino
si dan luz a los míos y me lo alumbran todo
con su tranquila lumbre?
Apóyate en mis hombros, confíate al Destino,
veré por ti, mi ciega, te apartaré del lodo,
te llevaré a la cumbre.

Y allí, en la luz envuelta, se te abrirán los ojos
verás cómo esta senda tras de nosotros, lejos,
se pierde en lontananza
y en ella de esta vida los míseros despojos
y abrírsenos radiante del cielo a los reflejos
lo que es hoy esperanza.

***

Tu mano es mi destino

Me faltan fuerzas para andar, apoya
tu mano en mi hombro y así, a su contacto
me volverán las fuerzas;
te llevaré por los caminos largos
y marcharé seguro
poniéndome a tu paso.
Tu mano es mi destino;
la siento sobre mi hombro y de abrumado

se torna más lijero
que si alas le nacieran por encanto.
Cuando en mi hombro rendido
posas con dulce paz tu blanda mano
parece que me elevas
por encima del hado,
el implacable.
Siento tu pulso en mí cuando tu mano,
sobre mi hombro descansa
siento tu corazón y de rechazo
siento mi corazón, el tuyo, el mío,
de los dos, ¡nuestro esclavo!
Tu mano es mi destino;
al sentir su apretón, es como un rayo,
la vida me renace,
yo te renazco.
Fuerzas me das, y luz, luz en las fuerzas
cuando en mi hombro te apoyas y el espacio
se me abre, sin caminos,
por todos lados.
La luz la llevo dentro
dentro va el faro
que se enciende al sentir sobre mis hombros
de tu vida el contacto.
Tu mano es mi destino;
cuando la siento en mí, rebosa el vaso
del corazón, su sangre
se me enciende, derríteme el cansancio
y a su luz el sendero
se me abre a todos lados.
Tu mano es mi destino.

***

Puntual como el lucero

Dice el galán, enfermo de muerte, a su dama:

Ya estás ahí, puntual como una estrella
que a su hora sale,
marcha a su paso
y se pone cumpliendo su carrera;
ya estás ahí puntual como celeste
luminaria divina,
infundiendo confianza.
¡Siempre es puntual lo eterno!
Si la luna, si el sol tardase un día,
si no saliese
cuando el mundo lo espera,
¡qué terror de locura
al mundo inundaría!
¿Y qué vendrá después? sería el grito
del mortal espantado,
al ver rota la ley de la constancia.
¡Se rompió el orden! ¡Rompiose la cadena
que ata las horas!
¡El Sol falta a la cita!
¡El mundo va a morir entre portentos
de confusión y ruina!
¡Ya estás ahí, puntual como el lucero
de la mañana!
¡Ya estás ahí, vertiendo de los ojos
fe en lo imposible,
fe en la constancia!
Siglos ha que la estrella vespertina
surge a su hora,
y a su hora se pone;
¿qué busca?, ¿qué pretende?
¿De tal puntualidad cuál el objeto?
Yo no lo sé, pero esa su constancia
es fuente de consuelo para el hombre
que ve entre los que cambian
algo constante,
prenda de eternidad y de fijeza.
Antes que el hombre fuese
ya salía el lucero
puntual para la tierra
que vacía y desnuda le esperaba,
y cuando el hombre acabe

saldrá la estrella fiel por el oriente
triste y constante.
¡Ya estás ahí, puntual como el lucero
de la mañana!
¿Quién sabe si algún día
verás mi ocaso,
puntual como el lucero
de la mañana?

***

Libertad final

Dulce, sereno, reposado y triste
fue aquel día de amor en que muriera
la engañosa esperanza de la dicha:
basta al amor con el amor. La prenda
de que es un don divino es la desgracia
que le acompaña siempre por la tierra.
Las horas graves que su ardor mis ojos
en la frescura apagan de la lenta
mirada de tus ojos de sosiego
son olas de delicia volandera
que al soplo del amor se van rodando
sobre el dormido mar de la tristeza.
Cuanto llega a su colmo es bien perdido
y es la vida verdura de promesa;
por haber, fieles, renunciado al fruto
nos es la flor, toda fragancia, eterna.
El resplandor sobre tu frente brilla
del misterio sin fin, de la sentencia
que al romper de los siglos el Eterno
sobre lo íntimo todo suspendiera.
Intangible el perfume se derrama
y el aire todo con su hechizo llena,
en tanto que la carne de la fruta
en tomo y bulto al gusto se condensa.
A todos por igual se da el aroma
y todos, sin porfía, de su esencia
pueden tomar en comunión de goce,
mas no cabe gozar de igual manera

de la fruta el sabor; si uno la gusta
fatal es que la envidia al otro muerda.
Come pan de centeno negro y duro
tendido al aire libre en la floresta
y el pan te sabrá a flores; el espíritu
a su imagen se forja la materia.
¿Que la doctrina es triste? No lo dudo,
pero dime, mi luz, ¿qué es lo que queda?
No dura más la carne que el perfume,
solo goza del bien quien bien lo espera.
¿Y quién sabe? Soñemos que no es sueño
la libertad final, cuando la tierra
como nube de incienso, a las entrañas
de su Fuente de Amor suba deshecha.

***

Al pie del roble

Al pie del roble aquel de la colina,
al pie del roble fue;
cuando le roza el viento del recuerdo
tiemblan las hojas de él.

Fue al pie del roble, ¿qué, ya lo olvidaste?,
del viejo roble al pie,
de aquel que nos cubriera con su sombra
y que nos fue tan fiel.

Y al pasar junto al roble en primavera,
¡oh, mi perdido bien!,
¿las verdes hojas a tu alma dura
no le tiemblan también?

¿Es acaso más dura ante el recuerdo
que la del roble aquel?
Al pie del roble aquel de la colina,
recuérdalo, ¡allí fue!

***

INCIDENTES DOMÉSTICOS

***

Cuando he llegado de noche
todo dormía en mi casa,
todo en la paz del silencio
recostado en la confianza.
Solo se oía el respiro,
respiro de grave calma,
de mis hijos que dormían
sueño que la vida alarga.
Y era oración su respiro,
respirando el sueño oraban,
con la conciencia en los brazos
del Padre que el sueño ampara.
Eres, sueño, el anticipo
de la vida que no acaba,
vida pura que respira
debajo de la que pasa.

***

Tendido yo en la cama,
como en la tumba,
a la espera del sueño;
y junto a mí, en su cuna,
yacía el niño,
y allá, en el fondo

—en medio un aposento—
bajo una lámpara
de mansa luz de verde derretido
tres formas columbraba,
encorvadas las tres y susurrando
Ave Marías.
Eran mi madre, mi mujer, mi hermana
y era como si lejos;
de este mundo y del otro, el que esperamos,
en el lindero.
Al través de los cuartos silenciosos
donde mis hijos
—perdida el alma de los cuerpos flojos—
yacían sumergidos
del reposo en el fondo,
pasaban los susurros
filtrándose en la calma de su aliento;
yo sin soñar soñaba:
¿Es que estoy muerto?
Una visión de eternidad fingían,
un cuadro de pintura,
un símbolo de vida.
Sentí, allá en lo oscuro y en la cuna
a modo de un suspiro;
era que se movía
buscando al sueño nueva cara, el niño.
Y yo tendí mi diestra
para tocar su cuerpo
y cerciorarme así que las tinieblas
guardaban en su seno
a mi niño de bulto,
a mi niño de peso.
Y al sentir en mi mano
el calor de su aliento
pensé, casi soñando:
¡No, no estoy muerto!
Y en tanto las tres formas
inmóviles seguían y encorvadas
como una cosa sola,
y la luz de la lámpara,
también inmóvil,

e inmóvil el silencio,
y del ámbito todo
—diríase un incienso,
invisible, sonoro—
lentas surgían,
cual un rocío de la tierra al cielo,
Ave Marías.
Sentí la eternidad… luego la nada.

***

Al despertar, de día,
allá en las derretidas lontananzas
donde, por fin, se funden los recuerdos,
inmóvil, verde, la visión tranquila,
perdiéndose cantaba
Ave Marías.

***

Es de noche, en mi estudio.
Profunda soledad; oigo el latido
de mi pecho agitado,
—es que se siente solo,
y es que se siente blanco de mi mente—
y oigo a la sangre
cuyo leve susurro
llena el silencio.
Diríase que cae el hilo líquido
de la clepsidra al fondo.
Aquí, de noche, solo, este es mi estudio;
los libros callan;
mi lámpara de aceite
baña en lumbre de paz estas cuartillas,
lumbre cual de sagrario;
los libros callan;
de los poetas, pensadores, doctos,
los espíritus duermen;
y ello es como si en torno me rondase
cautelosa la muerte.

Me vuelvo a ratos para ver si acecha,
escudriño lo oscuro,
trato de descubrir entre las sombras
su sombra vaga,
pienso en la angina;
pienso en mi edad viril; de los cuarenta
pasé ha dos años.
Es una tentación dominadora
que aquí, en la soledad, es el silencio
quien me la asesta;
el silencio y las sombras.
Y me digo: "Tal vez cuando muy pronto
vengan para anunciarme
que me espera la cena,
encuentren aquí un cuerpo
pálido y frío,
—la cosa que fui yo, este que espera—
como esos libros silencioso y yerto
parada ya la sangre,
yeldándose en las venas,
el pecho silencioso
bajo la dulce luz del blando aceite,
lámpara funeraria".
Tiemblo de terminar estos renglones
que no parezcan
extraño testamento,
más bien presentimiento misterioso
del allende sombrío,
dictados por el ansia
de vida eterna.
Los terminé y aún vivo.

Noche Vieja de 1906.

***

El niño se creía sin testigos,
dibujando en el hule
que cubría la mesa;
trazaba en ella un *tío* primitivo,

al modo de los toscos
diseños de las cuevas en que el hombre
luchara con el oso cavernario.
Y mientras animaba
los rasgos del dibujo prehistórico
cantaba bajo:
"Soy de carne, soy de carne, no pintado,
soy de carne, soy de carne, verdadero".
¡Maravilla del arte!
¡Hacía hablar al *tío*
y proclamar su realidad viviente!
¿Hace acaso otra cosa
el Artista Supremo,
al recrearse, niño eterno, en su obra?

***

"Yo quiero vivir solo
—Pepe decía—
para que no me peinen ni me laven",
y Marita al oírlo:
"¿Solo? Luego te pierdes
y luego lloras".
Tal decían los niños
y pensé yo, su padre:
aquel que vive solo
se pierde, llora solo y nadie le oye;
y solo, ¿quién no vive?
solos vivimos todos,
cada cual en sí mismo,
soledad nada más es nuestra vida;
todos vamos perdidos y llorando;
nadie nos oye.

***

No me mires así a los ojos, hijo mío,
no quiero que me arranques mi secreto,
y cuando yo te falte
sea el veneno de tu pobre vida.

Nunca, nunca la sombra de tu padre
te vele el sol de la alegría dulce.
¿Alegría te dije?
No, no te quiero alegre,
pues en la tierra
para vivir alegre
menester es ser santo o ser imbécil.
De imbécil, Dios te libre,
y de santo... ¡no sé lo que decirte!

***

Anda, escarba el brasero
que aprieta el frío,
¡qué poco dura el sol en estos días!
¡Y pensar, hijo mío,
que el sol se hará ceniza
y en el cielo, de Dios la frente inmensa
será un *memento*!

***

Junto al fuego leía
Quintín Durward mi hijo;
así también yo lo leyera antaño
y así mis nietos
habrán acaso de leerlo un día.
Y así vive Quintín como vivimos
nosotros, sus lectores.

***

COSAS DE NIÑOS

***

El Coco caballero

¡Dime quien te ha hecho pupa, hijo mío…!
Algún alma negra…
¿Esta dices? Eh, mala, malota,
por mi mano mi niño te pega.
¡Vamos, abre esa boca, querido,
tan rica y tan fresca,
no la aprietes así, que te ahogas,
toma esto, mi prenda!
Tómalo, que si no te me mueres,
el Coco te lleva…
Mírale como viene montado
caballero en su jaca lijera,
caballo con alas
que corre… que vuela…
¿Un caballo me pides, de carne?
Si tragas la perla
ya verás qué caballo te compro,
caballo que vuela,
que te lleve volando, volando,
volando, mi prenda…
¿Que te amarga me dices, mi niño?
Una caja de dulces te espera,
mas primero es preciso te cures
tragando la perla.

Oh, mi niño, mi niño, qué frío,
parece de cera...
¿Por qué, oh, sol implacable, no abrasas
a mi pobre prenda?
Ese sueño sacude, amor mío,
¡despierta...!, ¡despierta...!
¿Dónde va de mi amor la primicia?
¡El Coco le lleva!

¿Cómo vino? ¡Ginete en el Tiempo,
en el Tiempo, su jaca lijera...!
No veía... sus ojos horribles
vacíos... dos cuencas...
dos nidos de sombra...
por nariz una oscura tronera...
solo dientes agudos su boca
que aguarda la presa...
une boca de risa que burla,
que mordiendo besa...
Caballero en la jaca con alas
se vino y le lleva
montado a la grupa,
se vino y le lleva
volando, volando, volando.
¡Mi niño...! ¡Mi prenda!

***

Mi niño

Sus ojos, sus ojos de cielo cerraba
al peso del cielo;
sonrisa en los labios,
sonrisa en los labios abiertos...
Las manos cruzadas,
cruzadas las manos,
quedose mi niño dormido...
Y junto a la cuna, velando su sueño,
quedeme dormido,
velando a mi niño...

Con mi sueño velando
su sueño tranquilo.
Soñé que subía,
subía yo al cielo
en alas llevado
de mi pequeñuelo,
de mi dulce niño.
Henchíame todo
el cielo infinito;
eran luz mis entrañas,
eran luz que llenaba mi cuerpo
mi cuerpo rendido.
De negro y de oro
me vi revestido,
del negro de noche serena
y del áureo polvo que viste
el lácteo camino.
De mi niño en las alas deshice
de mi vida el curso,
remontando hacia atrás a los días
en que era yo niño.
En mi boca sentía ya el gusto
del pecho bendito,
y de pronto sentí *desnacerme*
¡Tras leve quejido.....!
En el cielo inmenso,
en el cielo inmenso quedeme absorbido
en el cielo inmenso,
¡en mi hogar celestial difundido...!
Y de pronto despierto con ansias...,
¡lloraba mi niño!
Y me puse a cunarle cantando:
Alma mía..., mi niño..., mi niño...

***

Recuerdos

Si ahora muriese yo, pobre hijo mío,
que hasta alcanzar un beso,

cual codiciado fruto, por mis piernas
trepas con dulce anhelo,
hablándome del mítico futuro
en que seas tú grande y yo pequeño;
si ahora muriese yo se borraría
de tu mente el recuerdo
de la figura paternal. Mi imagen
hundida de tu espíritu en el lecho,
de impresiones diversas el torrente
anegaría presto.
Niño era como tú cuando mi padre
dio su postrer aliento
y de su imagen en mi mente queda
solo débil reflejo,
unido al raro choque que causara
en las entrañas de mi virgen seso
oírle conversar con un extraño
en idioma secreto,
oírle hablar en extranjera lengua...
¡Cuán hondo fue el efecto
para mi alma infantil tierna y sencilla
vislumbre de misterio,
del milagro incesante del lenguaje
fugitivo destello!
¡Así en las nieblas de mi albor lejano
de mi padre dilúyese el recuerdo
de aquella escena en que me hirió la mente
con el ámbito envuelto!

Mas no importa, hijo mío, hijo del alma,
la fe me da consuelo,
mi fe robusta de que nada muere,
de que todo a posarse va a lo eterno,
de que al morir toda visión desciende
a las entrañas del océano inmenso,
y desde el fondo oscuro,
desde el ignoto seno,
alimenta la vida que se tiende
donde a las olas baña el sol de fuego.
En el oscuro abismo de tu espíritu,
sin tú mismo saberlo,

con su follaje depurando el aire
que hinche de tu alma el pecho,
vivirá vida oscura,
la de olvidado ensueño,
el tronco paternal a que trepabas
con infantil empeño
a recojer el codiciado fruto,
de mi boca a segar amante beso.

***

La sacerdotisa

"Y ahora… ¿qué quieres?".
"¡Dame otro bizcocho, mamita!".
"Te comiste ya muchos, mi hija…".
"No, si no es para mí…". "Pues entonces…".
"Te diré; la muñeca, la chica,
el suyo me pide… y no es justo…".
Ya ves… la pobrita…
"De modo que quieres…".
"Para mí no, para ella, mamita".
"Pues bueno, ven, toma;
es en premio de la picardía",
y un beso de ruido
al bizcocho añadió de propina.
Y se fue vencedora y cojiendo
su muñeca la niña
y arrimando a su boca pintada
el bizcocho: "Cómelo, querida;
¿no lo quieres? ¿No te gusta, prenda?
Pues entonces… Mira,
ya que tú no lo quieres,
¡se lo come mamita!".
La muy tuna zampose el bizcocho;
y ello es claro como el mediodía,
el ídolo come por boca,
¡claro está!, de la sacerdotisa.

***

Peru y Marichu

Recuerdo un cuento que de niño
oí contar;
cómo Peru y Marichu levantaron
una casa de sal.
Cayó del cielo en lluvia el agua,
se fue el hogar;
lo arrastró derretido por la tierra
y lo más se fue al mar.
Los cuentos de la infancia dejan
siempre su sal;
el agua de los años nos los lleva
del olvido a la mar.
Pero queda del alma el fondo,
queda el solar
salado para siempre con el jugo
de aquella dulce edad.

Si la sal de su infancia pierde el alma,
¿quién nos la salará?

***

CAPRICHOS

***

Sin sentido

Quisiera no saber lo que dijese,
nada decir, hablar, hablar tan solo,
con palabras uncidas sin sentido
verter el alma.

¿Qué os importa el sentido de las cosas
si su música oís y entre los labios
os brotan las palabras como flores
limpias de fruto?

Palabras virginales, dulces, castas,
monorrítmicas, graves y profundas
palabras que recuerdan tiernas tardes
languidecidas.

Oh, dejadme dormir y repetidme
la letanía del dormir tranquilo,
dejad caer en mi alma las palabras
sonoramente.

¡Oh, la primaveral verde tibieza
que en mi pecho metiéndose susurra

secretos a mi oído y misteriosa
nada me dice!

Claras mañanas de esperanza henchidas,
serenas tardes del vivir desnudo,
noches calladas de sosiego dulce,
¿cuál vuestra lengua?

Y luego..., ¿qué? ¡No sé! ¿Y eso qué importa?
Podéis cortar donde queráis; el cuento
nunca se acaba y, por lo tanto, ¡acaba
donde se quiera!

Fluye el regato entre las frescas flores,
y es el órgano vivo cuya música
sirve de fondo al canto polifónico
que alzan los pájaros.

Brotan las melodías de los nidos
y la armonía surge de las aguas,
el coro en el follaje y entre el césped
concierta el órgano.

Y no calla de día ni de noche,
nos canta sin cesar su canto eterno
que como no empezó a nuestros oídos
tampoco acaba.

¿Y qué dice? ¿Qué dice? Si dijera
lo que decís que dice no diría
lo que queréis que diga y al decirlo
no le oirías.

Suena el regato entre las frescas flores
acompañando al canto de los pájaros
y si este es de dolor y si es de júbilo
igual el órgano.

Oh, no busquéis la letra, la que mata,
lo que vida nos da, buscad espíritu,

¿qué ha querido decir? Prosigue… ¡Déjalo!
¡Busca lo íntimo!

Mientras duermen los campos el rocío
vivifica a las flores soñadoras;
duerme, mi alma, que el rocío dulce
de la palabra

caerá sobre tus flores, tus sentires,
que luego beberán esa celeste
esencia de la noche, cuando el beso
del Sol les dore.

¿Queréis que acabe ya? ¡Bueno!, ahí os queda
ese zumbar que deja la campana
muriéndose en el ámbito sereno
de blanca tarde;

ese sagrado trémolo que muere
derretido en la luz que se derrite
cuando al Ángelus nacen las estrellas
y se abre el cielo.

Si os dejara en el alma un vago trémolo
como el que baja de esa vieja torre,
que a la oración nos llama, os dejaría
mi alma toda.

Acabo ya y continuad vosotros;
si os limpié de conceptos el espíritu
por pagado me doy de estas estrofas
tan sin sentido.

***

Solenne verbum

En torno de una lámpara
que una mesa votiva toda dora
tres sacerdotes doblan sus cabezas

tonsuradas brillando las coronas.
Parecen inclinarse en grave rito
de incruento sacrificio; de sus bocas,
raras palabras graves
a veces brotan.
Breves frases cortadas,
palabras misteriosas
y sus manos ofician
en extraño misal de sueltas hojas.
De pronto uno su brazo
alza en gesto litúrgico y entona
cual de antífona grave una palabra,
una palabra sola,
que es la suprema
la decisiva: ¡Bola!
"¡Y de solo!", los diáconos a coro;
y uno con sorna
"solenne verbum hoc; in anno solum!
—fama de latinista el hombre goza—
niquiscotiavit nos verbum solenne!".
Y volviéndose al rito, en él se engolfan
los medianeros ante Dios, de espíritu
henchidos. *Ad maiore Dei gloriamm*
Ecclesiaeque Romanae...
¡Ruede la bola!

***

Los ángeles de la guarda

Nuestros sendos ángeles de la guarda,
el mío y el tuyo,
¿entre sí qué se dicen cuando estamos
tú y yo juntos?
Siendo niños —¿te acuerdas?— mi criado,
que no era mudo
goteaba a tu niñera en los oídos
el dulce jugo
de palabras de amor, mientras nosotros,
a nuestro gusto

libres, jugábamos a lo que luego
nos llevó el mundo.
¿Tienen sexo los ángeles acaso?
¡Secreto oculto!
Mas cavilando en ello un día y otro
ya no lo dudo.
¡Es ángela tu ángel! Mi creencia
mira, la fundo
en cómo se distrae, cual si al oído,
con disimulo,
mi ángel le goteara unos requiebros
puestos en punto.
Porque mi ángel, el que como guarda
Dios me le puso,
está por mí tan bobo, tan chiflado,
es tal el culto
que a mi espíritu libre rinde el pobre,
que es ya un abuso,
abuso de mi parte, se comprende,
y esto no es justo.
Y si esto sigue así, mira tendremos
—¡empeño rudo!—
nosotros que guardar a nuestros ángeles,
pues son tan puros...

***

SONETOS

***

A la rima

Macizas ruedas en pesado carro,
al eje fijas, rechinante rima,
¡con qué trabajo llegas a la cima
si al piso se te pone algún guijarro!
Al tosco buey, que no al corcel bizarro,
el peso bruto de tu lanza oprima
pues al buey solo tu chirrido anima
cuando en piedras te atascas o en el barro.
Mas en tanto no quede, sin maraña,
la selva, como el mar, toda camino,
tira, noble corcel, de ese armatoste,
pues más te vale la coyunda extraña,
no siendo aún la libertad tu sino,
que estarte en el establo atado a un poste.

***

Muerte

To die, to sleep… to sleep… perchance to dream.

Hamlet, acto III, escena IV.

Eres sueño de un dios; cuando despierte,
¿al seno tornarás de que surgiste?
¿Serás al cabo lo que un día fuiste?
¿Parto de desnacer será tu muerte?
¿El sueño yace en la vigilia inerte?
Por dicha aquí el misterio nos asiste;
para remedio de la vida triste,
secreto inquebrantable es nuestra suerte.
Deja en la niebla hundido tu futuro
y ve tranquilo a dar tu último paso,
que cuanto menos luz, vas más seguro.
¿Aurora de otro mundo es nuestro ocaso?
Sueña, alma mía, en tu sendero oscuro:
"¡Morir... dormir... dormir... soñar acaso!".

***

Resignación

Resignación, humana omnipotencia,
del valor manantial y lecho puro,
baja a mi corazón, grano maduro
que en mi mente sembró divina ciencia.
Presta osadía y a la vez paciencia
para luchar en el combate duro,
puesta la vista en el confín futuro.
Resignación activa, a mi conciencia.
Rompe del egoísmo el fatal sino,
la costra que tupida te sofoca,
liberta al Hombre de tu yo mezquino,
descubre de tu espíritu la roca,
y la piedad de manantial divino
en corriente fluirá que no se apoca.

***

Piedad

Busca de tu alma la raíz divina,
lo que a tu hermano te une y asemeja

y del puro querer que te aconseja
aprende fiel la santa disciplina.
Oye a tu humanidad cual te adoctrina:
"Todos soy yo, en mi alma se refleja
todo placer y toda humana queja",
y del falso vigor siempre abomina.
Los débiles forjaron la patraña
de que no obras de amor, sino de ira
todo progreso cual cimiento entraña,
mas en vano la mente con mentira
la luz del corazón cuida que empaña,
que al fuerte siempre la piedad le inspira.

***

Fortaleza

Si aspiras, como dices, a ser fuerte
no busques la engañosa fortaleza
de quien viril creyendo a la dureza
labra la ruina de su propia suerte.
Escucha al corazón que fiel te advierte
que lo que no es amor solo es flaqueza
y el único el amor que con firmeza
da vida y vence a la implacable muerte.
Sin odio y de piedad el alma henchida
tomándote por firme fundamento
siga el recto camino de mi vida,
a conquistar el porvenir atento,
reino de libertad que nos convida
a posar en su suelo nuestro asiento.

***

Fe

No ya la fe, la voluntad levanta
las montañas sacándolas de asiento,
mas en aquella cobra entendimiento

y en la propia conciencia se agiganta.
Querer—creer—poder; tal es la santa
procesión que al esfuerzo da sustento,
entre el quiero y el puedo de cemento
hace la fe que al héroe abrillanta.
Tengámosla, no importa en lo que sea
fe pura y libre y viva, abrasadora,
la que en la misma acción destruye y crea,
¡anímico Saturno que devora
al propio dogma que engendró en la Idea,
fe en la fe misma, inacabable aurora!

***

El rosario del amor

—¿Me quieres?
—¡Sí!
—No digas sí...
—¡Te quiero!
—Di que me quieres otra vez...
—Te adoro...
—Te adoro..., ¡no!
—Te quiero, mi tesoro.
¡Mi bien, mi vida, mi universo entero!
¡No creo más que en ti, solo en ti espero,
tu amor no más, no más tu amor imploro!
—Otra vez dímelo, piquito de oro,
¿me quieres, di?
—¡Dímelo tú primero!
Así las cuentas del rosario pasan,
rosario del amor, llegan a una gloria
donde las bocas en silencio casan,
y a otro misterio van... La eterna historia
en que con goces su miseria amasan
de olvido alimentando a la memoria.

***

Niñez

Vuelvo a ti, mi niñez, como volvía
a tierra a recobrar fuerzas Anteo,
cuando en tus brazos yazgo, en mí me veo,
es mi asilo mejor tu compañía.
De mi vida en la senda eres la guía
que me aparta de todo devaneo,
purificas en mí todo deseo,
eres el manantial de mi alegría.
Siempre que voy en ti a buscarme, nido
de mi niñez, Bilbao, rincón querido
en que ensayé con ansia el primer vuelo,
súbeme de alma a flor mi edad primera
cantándome recuerdos, agorera,
preñados de esperanzas y de consuelo.

***

Memnón

Dormitando su vida el cocodrilo
bebe sangre del Sol en la ribera,
mientras toma el beduino por cantera
la Esfinge que en la arena buscó asilo.
Duerme el Pasado junto al sacro Nilo
con el alma en granito prisionera,
y en el pétreo Memnón su fallo espera
mirando al cielo con mirar tranquilo.
Mas cuando allá del alba en el oriente
rompe la luz en río caudaloso
inundando de vida en un torrente
el seno de la Historia tenebroso,
toma de esta la voz y en himno hirviente
leve oración al Sol reza el coloso.

***

Al destino

En inquietud ahógame el sosiego
tu secreto velándome, Destino,
no me dejes parar en mi camino,
sin inquirirte te obedezca ciego.
Ni hora me des de queja ni de ruego,
aguíjeme tu pica de contino,
y que en el mundo, insomne peregrino,
a cuestas lleve de mi hogar el fuego.
Quiero mi paz ganarme con la guerra,
conquistar quiero el sueño venturoso,
no me des ocio el que tu entraña encierra
de esclarecer enigma tenebroso,
y cuando al seno torne de la tierra,
haz que merezca el eternal reposo.

***

TRADUCCIONES

***

Sobre el Monte Mario

De Carducci

Se alzan solemnes sobre el monte Mario
en el claro aire quieto los cipreses,
cual corre mudo por los grises campos
 miran al Tíber;

miran abajo, en el silencio a Roma
cómo se extiende, y cual pastor gigante
que vela a un gran rebaño, ven enfrente
 surgir San Pedro.

De la colina aquí en la cumbre, amigos,
mezclad el vino, donde el sol se quiebre,
y sonreíd, oh, hermosas, que mañana
 nos moriremos.

Lálage, intacto al oloroso bosque
deja el laurel que eternidad se arroga,
o de tu negra cabellera adorno,
 le ceda en brillo.

A mí entre el verso que preñado vuela
venga la alegre copa y de la rosa
la suave flor fugaz que al duro invierno
consuela y muere.

Moriremos mañana cual murieron
los que quisimos; pronto de las mentes,
de los afectos tenues sombras leves,
nos borraremos.

Moriremos, y siempre fatigosa
en torno al sol se volverá la tierra,
vidas, cual chispas, rociando a miles,
a cada instante,

de amores nuevos agitadas vidas,
y que se agiten para nuevas luchas,
y que del porvenir a nuevos númenes
canten los himnos.

Y oh, no nacidos, a que irá la antorcha
que de la mano se nos va, vosotros
también os perderéis en lo infinito,
radiosas tropas.

¡Adiós, tú, madre de mi breve espíritu,
tierra, y del alma fugitiva! ¡Cuánto
en torno al sol has de llevar perenne
dolor y gloria!

Hasta que bajo el ecuador rendida,
a las llamadas del calor que huye
la ajada prole una mujer tan solo
tenga y un hombre,

que erguidos entre trozos de montañas
en muertos bosques, lívidos, con ojos
vítreos te vean sobre inmenso hielo,
¡oh, sol, ponerte!

La retama

De Jacobo Leopardi

Aquí, en la árida falda
del formidable monte,
desolador Vesubio,
a quien ni árbol ni flor alguna alegran
tu césped solitario en torno esparces
olorosa retama
contenta en los desiertos. Te vi antes
adornar con tus matas la campiña
que circunda la villa
que del mundo señora fue en un tiempo,
y del perdido imperio
parecen con su aspecto grave y triste
ofrecer fe y recuerdo al pasajero.
Vuelvo hoy a verte en este suelo, amante
de desiertos lugares de tristeza
de afligida fortuna siempre amiga.
Estos campos sembrados
de ceniza infecunda y recubiertos
de empedernida lava
que resuena so el paso al peregrino
en que anida y tomando el sol se enrosca
la sierpe, y donde vuelve
el conejo a su oscura madriguera
fueron cultas y alegres
ciudades y mies rubia, fueron eco
de mugir de rebaños,
palacios y jardines
para ocio de los ricos
grato refugio, y ciudades famosas
a las que fulminando por su boca
torrentes ígneos el altivo monte
con su pueblo oprimió. Todo hoy en torno
una ruina envuelve
donde tú, flor hermosa, hallas tu asiento
y cual compadeciendo ajeno daño

mandas al cielo perfumado aroma
que al desierto consuela. A estas playas
venga aquel que acostumbra con elogio
ensalzar nuestro estado, verá cómo
natura en nuestra vida
amorosa se cuida. El poderío
en su justa medida
podrá estimar de la familia humana
a la que sin piedad, en un momento
su nodriza, con leve movimiento,
cuando menos lo espera, en parte anula
y con poco más puede en un instante
del todo deshacerla.
Ved de la gente humana
pintada en esta playa
la suerte progresiva y soberana.

Mírate en este espejo,
siglo soberbio y loco,
que el camino marcado
de antiguo al pensamiento abandonaste,
y tus pasos volviendo,
tu retorno procura.
Tu inútil charla los ingenios todos
de cuya suerte el padre te hizo reina
adulan, mientras tanto
que tal vez en su pecho
hacen de ti ludibrio.
¡Con tal baldón no bajaré so tierra,
y bien fácil me fuera
imitarlos y adrede desbarrando
serte grato cantándote al oído!
Mas antes el desprecio que en mi pecho
para contigo guardo
mostraré lo más claro que se pueda,
aunque sé que el olvido
cae sobre quien increpa a su edad propia.
De este mal que contigo
participo me río yo hasta ahora.
Soñando libertad, al par esclavo
queréis al pensamiento,

el solo que nos saca
de la barbarie en parte; y por quien solo
se crece en la cultura; él sólo guía
a lo mejor los públicos negocios.
La verdad te disgusta,
del ínfimo lugar y áspera suerte
que natura te dio. Por eso tornas
cobarde las espaldas a la lumbre
que nos la muestra, y, fugitivo, llamas
a quien la sigue, vil,
y tan solo magnánimo
al que con propio escarnio o de los otros
o ya loco o astuto redomado
exalta hasta la luna el mortal grado.

El hombre pobre y de su cuerpo enfermo
que tenga el alma generosa y grande,
ni se cree ni se llama
rico de oro o gallardo.
ni de espléndida vida y de excelente
salud entre la gente
hace risible muestra;
mas de riqueza y de vigor mendigo
sin vergüenza aparece; así se llama
cuando habla francamente y a sus cosas
las estima en lo justo.
Nunca creí magnánimo
animal, sino necio
el que a morir viniendo a nuestro mundo,
y entre penas criado, aún exclama
"¡para el goce estoy hecho!",
y de fétido orgullo
páginas llena, gloria grande y nueva
felicidad que el pueblo mismo ignora,
no ya el orbe, en el mundo prometiendo
a pueblos que una onda
del mar turbado, un soplo
de aura maligna, un soterraño empuje,
de tal modo destruye, que memoria
de ellos apenas queda.
Índole noble aquella

que a alzar se atreve frente al común hado
ojos mortales, y con franca lengua
sin amenguar lo cierto,
confiesa el mal que nos fue dado en suerte;
¡estado bajo y triste!,
la que arrogante y fuerte
se muestra en el sufrir, y ni odio ni ira
de hermanos los más graves
de los daños, agrega
a sus miserias, inculpando al hombre
de su dolor, sino que culpa a aquella
culpable de verdad, de los mortales
madre en el parto, en el querer madrasta.
A esta llama enemiga, y comprendiendo
que ha sido unida a ella
y ordenada con ella en un principio
la humana compañía,
los hombres todos cree confederados
entre sí, los abraza
con amor verdadero, les ofrece
y espera de ellos valerosa ayuda
en las angustias y el peligro alterno
de la guerra común. Y a las ofensas
del hombre armar la diestra, poner lazo
y tropiezo al vecino,
tan torpe juzga cual sería en campo
que el enemigo asedia, en el más rudo
empuje, del asalto,
olvidando al contrario acerba lucha
emprender los amigos
sembrar la fuga y fulminar la espada
entre sí los guerreros.
Cuando tales doctrinas
vuelvan a ser patentes para el vulgo,
y aquel horror prístino
que ató a los hombres en social cadena
sabiduría vuelva a renovarlo,
el sencillo y honesto
comercio de las gentes,
1a piedad, la justicia, raíz distinta
tendrán entonces, y no vanas fábulas

en que se funda la honradez del vulgo
cual en pie se sustenta
quien su cimiento en el error asienta.

Con frecuencia en la playa
desierta, que de luto
de lava el flujo endurecido viste
paso la noche viendo
sobre la triste landa
en el nítido azul del puro cielo
llamear de lo alto las estrellas
que a lo lejos refleja el océano
y a chispazos brillar en torno todo
por la serena bóveda del mundo.
Cuando fijo mi vista en esas luces
que un punto nos parecen,
cuando son tan inmensas
que la tierra y el mar son a su lado
un punto, y a las cuales
no solo el hombre, sino el globo mismo
donde nada es el hombre
ignotos son del todo, y cuando veo
sin fin, aún más remotos
los tejidos de estrellas
que niebla se nos muestran, y no el hombre
no ya la tierra, sino todo en uno
el número de moles infinito,
nuestro áureo sol, mientras estrellas todas
desconocen, o bien les aparecen
como ellas a la tierra,
luz nebulosa; ante mi mente entonces,
¿cómo te ostentas, prole
del hombre? Y recordando
tu estado terrenal, de que da muestra
este suelo que piso, y de otra parte
que tú fin y señora
te crees de todo, y que tantas veces
te agrada fantasear en este oscuro
grano de arena que llamamos Tierra

que los autores de las cosas todas
a conversar bajaron con los tuyos
por tu causa, y ensueños
ridículos y viejos renovando
insulta al sabio hasta la edad presente
que en saber y cultura
sobresalir parece; mortal prole,
¡prole infeliz! ¿Qué sentimiento entonces
me asalta el corazón para contigo?
No sé si risa o si piedad abrigo.

Como manzana que al caer del árbol
cuando en el tardo otoño
la madurez tan solo la derriba,
los dulces aposentos de hormiguero
cavado en mollar tierra
con gran labor, las obras,
las riquezas que había recojido
la asidua tropa con fatiga grande
próvidamente, en el estivo tiempo
magulla, rompe y cubre;
desplomándose así desde lo alto
del útero tonante,
lanzada al hondo cielo,
de cenizas, de pómez y de rocas
noche y ruina, llena
de hirvientes arroyuelos,
o bien ya por la falda,
furioso entre la yerba,
de liquidadas masas
y de encendida arena y de metales
bajando inmenso golpe,
las ciudades que el mar allá en la extrema
costa bañaba, sume
rotas y recubiertas
al momento; donde hoy sobre ellas pace
la cabra, o pueblos nuevos
surgen allí, cual de escabel teniendo
los sepultos; y los muros postrados
a su pie pisotea el monte duro.
No estima la natura

ni cuida más al hombre
que hace a la hormiga, y si en aquel más raro
el estrago es que en esta
tan solo esto se funda
en que no es una especie tan fecunda.

Mil ochocientos años
ha ya desparecieron oprimidos
por el ígneo poder aquellos pueblos,
y el campesino atento
al viñedo que en estos mismos campos
nutre el muerto terruño de ceniza
levanta aún la mirada
suspicaz a la cumbre
que inflexible y fatal hoy como siempre
tremenda se alza aún, aún amenaza
con la ruina a su hacienda y a sus hijos,
¡los pobres! ¡Cuántas veces
el infeliz yaciendo
de su pobre casucha sobre el techo
toda una noche, insomne al aura errante
o a las veces brincando, explora el curso
del temido hervidero que se vierte
del inexhausto seno
a la arenosa loma, el cual alumbra
de Capri la marina
de Nápoles el puerto y Mergelina.
Si ve que se da prisa, si en el fondo
del doméstico pozo oye del agua
borbotar el hervor, a sus hijitos,
a su mujer despierta, y al instante
con cuanto puede de lo suyo huyendo
desde lejos contempla
su nido y el terruño
que del hambre les fue el único abrigo
presa de la onda ardiente
que crepitando se le viene encima
y sobre él para siempre se despliega!
Torna al celeste rayo
después de largo olvido la extinguida
Pompeya, cual sepulto

cadáver que de tierra
vuelve a luz la piedad o la avaricia,
y a través de las filas
de truncadas columnas
el peregrino desde el yermo foro
lejos contempla las gemelas cumbres
y la cresta humeante
que aún amenaza a la esparcida ruina.
Y en el horror de la secreta noche
por los deformes templos,
por los circos vacíos, por las casas
en que esconde el murciélago sus crías,
como rostro siniestro
que en desiertos palacios se revuelve
corre el fulgor de la funérea lava
que enrojece las sombras a lo lejos
y tiñe los lugares del contorno.
Así, ignara del hombre y de los siglos
que él llama antiguos, de la serie toda
de abuelos y de nietos,
Naturaleza, verde siempre, marcha
por tan largo camino
que inmóvil nos parece.
El tiempo imperios en su sueño ahoga,
gentes e idiomas pasan; no lo ve ella
y en tanto el hombre eternidad se arroga.

Y tú, lenta retama,
que de olorosos bosques
adornas estos campos desolados,
también tú pronto a la cruel potencia
sucumbirás del soterraño fuego
que al lugar conocido retornando
sobre tus tiernas matas
su avaro borde extenderá. Rendida
al mortal peso, inclinarás entonces
tu inocente cabeza
Mas en vano hasta tanto no la doblas
con cobardía suplicando en frente
del futuro opresor;
ni tampoco la yergues

a las estrellas con absurdo orgullo
en el desierto, donde
nacimiento y vivienda,
no por querer, por suerte has alcanzado.
Eres más sabia y sana
que el hombre, en cuanto nunca tú has pensado
que inmortales tus tallos
se hayan hecho por ti o por el hado.

***

Reflexiones al tener que dejar un lugar de retiro

De Samuel Taylor Coleridge

Sermoni propriora — Horacio.

¡Nuestro lindo cortijo era muy bajo!
Subía hasta alcanzar a la ventana
la rosa más talluda. A media noche
podíamos oír en el silencio
y a la tarde, y al alba, en tono lánguido
el murmullo del mar. Al aire libre
nuestros mirtos abiertos florecían;
los jazmines espesos se abrazaban
a lo largo del porche, y el paisaje
verde y tupido refrescaba al ojo.
¡Era un rincón que merecía el nombre
de valle del Retiro! En él vi un día
(santificando en calma su domingo)
que divagaba un rico comerciante
ciudadano de Bristowa; fíngime
que la sed de oro inútil le calmaba
con más cuerdo sentir, porque parose
a mirar registrando todo en torno
con tristor placentero, y su mirada
fijose en el cortijo, y que de nuevo
volvía a registrarlo y sollozaba
diciendo que era aquel lugar bendito;
y benditos quedamos. Con frecuencia

con oído paciente atento escucho
de la invisible alondra la alta nota
(invisible, o tan solo en un momento
feliz viendo brillar al sol sus alas)
y "tal" —digo yo entonces— "es el canto
que brota de la dicha sin estorbo...
¡No terrenal concierto! ¡Solo oído
cuando a escuchar el alma se apercibe,
cuando todo se calla, y en nosotros
atiende el corazón!".

Pero, ay qué día
el que subí desde el profundo valle
al pedregoso cerro, con peligro
trepando hasta alcanzar el alta cima;
¡cuán divina la escena! Allí desnuda
de la montaña la imponente mole
moteada acá y allá con las ovejas,
las pardas nubes derramando sombra
en los campos de sol, en las riberas,
ya resguardadas por tupidas rocas,
ya que brillantes se entrelazan plenas
con las desnudas márgenes; ¡cañadas,
las praderas, el bosque y la abadía,
y granjas de labor y lugarejos
y la indecisa aguja de la iglesia!
Aquí el Canal, las islas, blancas velas,
negras costas, colinas que semejan
ser de nube, océano sin orillas,
¡la omnipresencia en torno! Dios parece
que aquí se ha alzado un templo; ¡el mundo entero
de su vasta extensión en el contorno
parecíame imagen en pintura!
Ningún deseo al corazón henchido
me profanaba impuro. ¡Hora bendita!
¡Era entonces un lujo la existencia!

¡Quieto cortijo! ¡reposado valle!
¡monte sublime! ¡ay, me fue preciso
abandonaros! ¿Era acaso justo
que mientras sangran y trabajan lejos

innúmeros hermanos, yo soñara
dejando trascurrir prestadas horas
sobre lechos de pétalos de rosa,
el corazón cobarde adormecido
con sentimientos de molicie inútil?
La lágrima caída de los ojos
de algún Howard, quedando en la mejilla
de aquel a quien levanta de la tierra,
dulce lágrima es; mas quien con rostro
impasible, algún bien me concediese
no más que a medias su servicio cumple,
porque él mientras me ayuda así me hiela,
¡mi bienhechor, de cierto, no mi hermano!
Mas aún tan frío hacer el bien merece
mis alabanzas, cada vez que pienso
en la legión de aquellos que se fingen
de haragana Piedad fácil imagen;
que suspiran pensando en la miseria
pero evitan tocar al miserable,
en deliciosa soledad nutriendo
su delicada compasión, ¡y en ella
alimentando al perezoso amor!
Me marcho, pues; voy a juntar en uno
el corazón, la mano y la cabeza
me marcho activo y firme a la pelea,
¡a combatir en el combate incruento
de libertad, verdad y ciencia en Cristo!
¡Mas cuántas veces tras la honrosa brega,
cuando repose a descansar mi espíritu
y a soñar en amores que despiertan,
caro cortijo, a visitarte vaya!
Tu jazmín y la rosa que asomaba
en su tallo subiendo a la ventana,
los mirtos que sin miedo se mecían
en la brisa del mar tibia y serena...
suspiraré deseos, mansión dulce,
mejor que tú que no la tenga nadie,
¡y que una como tú todos posean!

***

La vaca ciega

Del catalán, de Juan Maragall

En los troncos topando de cabeza,
hacia el agua avanzando vagarosa
del todo sola va la vaca. Es ciega.
De una pedrada harto certera un ojo
le ha deshecho el boyero y en el otro
se le ha puesto una tela: es vaca ciega.
Va a abrevarse a la fuente a que solía
mas no, cual otras veces, con firmeza,
ni con sus compañeras, sino sola.
Sus hermanas por lomas y encañadas
por silencio de prados y riberas
hacen sonar la esquila mientras pastan
yerba fresca al azar, ella caería.
Topa de morro en la gastada pila,
afrentada se arredra, pero torna,
dobla frente al agua y bebe en calma.
Poco y casi sin sed; después levanta
al cielo, enorme, la testuz cornuda
con gesto de tragedia, parpadea
sobre las muertas niñas y se vuelve
bajo el ardiente sol de lumbre huérfana,
por sendas que no olvida vacilando,
blandiendo en languidez la larga cola.

***

Miramar

De Carducci

Oh, Miramar, hacia tus blancas torres
atediadas so el plomizo cielo,
foscas, con vuelo de siniestras aves
vienen las nubes.

Oh, Miramar, en contra tus granitos
grises del torvo piélago surgiendo,
con rebramido de almas angustiadas
   baten las ondas.

Tristes, bajo las nubes, a los golfos
contemplan con sus torres las ciudades,
Muggia y Pirano y Egida y Parenzo
   del mar joyeles.

Y las cóleras todas bramadoras
empuja el mar contra el bastión de escollos
donde te asomas a ambas vistas de Adria
   roca de Habsburgo.

Y truena el mar en Nabresina, cabe
a la herrumbosa costa, y de relámpagos
coronada la frente alza en el fondo
   Trieste a las nubes.

¡Cual sonreía todo en la mañana
dulce de abril en que a la mar se hizo
el rubio Emperador y al lado suyo
   la dama hermosa!

Irradiaba en su rostro placentera
la apostura imperial, y de su dama
los ojos arrogantes y cerúleos
   sobre el mar iban.

¡Adiós, castillo para tiernos goces
nido de amores construido en vano,
otra aura a los esposos arrebata
   a yermos mares!

Esperanzados abandonan salas
historiadas de triunfos y sentencias
del Saber, al señor el Dante y Goethe
   háblanle en vano

desde animados lienzos, una Esfinge
le atrae con vista móvil a las ondas;
cede, y a medio abrir deja allí el libro
del Romancero.

Oh, no de amor y de ventura el canto
allá le acoja y sones de guitarras
de los aztecas en la España; ¿el aura
cuáles lamentos

trae desde el triste cabo de Salvore
en el ronco quejido de las ondas?
¿Canta los muertos vénetos, los hados,
canta de Istria?

¡En hora mala a nuestro mar te metes
hijo de Habsburgo en la fatal *Novara*
las Furias van contigo a los vientos
las alas abren!

Mira a la Esfinge cual muda semblante
delante tuyo pérfida arredrando;
a tu mujer su rostro blanco arrima
Juana la Loca.

La segada cabeza de Antonieta
ve que te guiña, con podridos ojos
fijos en ti, ve la amarilla cara
de Moctezuma.

Entre bosques inmensos de magueyes
que ya benignas no mecen las brisas
en las tinieblas tropicales se alza
en su pirámide

el dios que llamas lívidas aspira
Huitzilopochtli que tu sangre husmea
y el mar con la mirada navegando
aúlla; ¡vente;

cuánto ha te espero... La barbarie blanca
quebrome el reino y destruyó mis templos;
vente, devota víctima, retoño
 de Carlos Quinto!

¡No a tus viles abuelos por la podre
marchitos o en furor regio abrasados,
te quería y te cojo a ti, de Habsburgo
 flor rediviva!

Y de Guatimozín al alma heroica
que bajo el pabellón del Sol aún reina,
cual ofrenda te mando, ¡oh, puro y fuerte
 Maximiliano!

***

NOTAS

***

Para después de mi muerte.— Aquí se lee la palabra *enlojada*, que no trae el Diccionario de la Academia y la he recojido de boca del pueblo. En otros sitios dicen *alojada*, y equivale a "turbia" tratándose del agua. Me parece deriva de *fluxu*.

Salamanca.— Los que conocen Salamanca saben que al pie de la fachada plateresca de su Universidad se alza una estatua de Fray Luis de León, en el patio alegrado por la algazara estudiantil en los intermedios de las clases y silencioso y mustio cuando estas se cierran.

La estrofa referente a Cervantes no es más que el arreglo de un pasaje en prosa en que él mismo habla de cómo la apacibilidad de la vivienda de Salamanca enhechiza la voluntad de volver a ella.

El adjetivo *pedernoso* me he permitido forjar con arreglo a la analogía de *pedernal* y otras formaciones similares.

En la catedral vieja de Salamanca.— Sabido es que se llamó basílicas a los templos conocidos primitivamente con este nombre, por haberse tomado su traza arquitectónica de la de las *basílicas* o audiencias, significando la voz "regias".

La catedral de Barcelona.— Aquí se lee la voz *remejar*, corriente en la región del oeste y noroeste de España y que equivale a mezclar (*remiscere*).

En la basílica del Señor Santiago de Bilbao.— Para los que no conozcan ni Bilbao ni su historia, he de decir que se conoce con el nombre de *machinadas* ciertas revueltas populares en que los aldeanos de los alderredores de Bilbao entraron tumultuosamente, y en son de contienda, en la villa.

No hay que recordar a todo español versado en la historia patria que la noche de Navidad de 1836 fue libertado Bilbao del asedio carlista, después de la batalla de Luchana, en que se peleó entre una tormenta de nieve, y que el sitio que sufrió la villa en la segunda guerra civil terminó el 2 de mayo de 1874.

Las magnolias de la Plaza Nueva de Bilbao.— Se llama en Bilbao *sirimiri* a lo que en Asturias orvallo —voz admitida ya— y en otras partes calabobos; a la llovizna.

La flor tronchada.— En el desierto.— En estas dos composiciones se lee el verbo *yeldarse*, corriente en esta región en que habito, así como el adjetivo *yeldo*. Significan aquel "cuajarse, endurecerse una masa blanda, y sobre todo el pan" y este, "cuajado, duro". Parecen provenir de un *gelidu* formado de *gelu*, hielo.

Elegía en la muerte de un perro.— Después de preparado este libro y al corregir las pruebas, leo en *Clairières dans le Ciel* de Francis Jammes (París, 1906) una poesía que empieza:

Mon humble ami, mon chien fidèle, tu es mort

y que ofrece una grandiosísima semejanza con la mía. Para los maliciosos he de declarar que mi composición estaba escrita —y leída a no pocos amigos— antes de haberse publicado el libro de Jammes, y en todo caso, *honni soit qui mal y pense.*

Traducciones.— He de hacer notar respecto a las traducciones que en ellas me he esforzado por conservar, en lo posible, el ritmo y la forma toda de los originales, tendiendo a que sean, a la vez que artísticas, literales. Lo mismo en "La Retama" que en las dos composiciones de Carducci y en la de Maragall, he respetado el verso libre italiano —y catalán en el último caso—.

Sabido es, en efecto, que en los versos libres italianos no se rehúye sistemática y artificiosamente los asonantes —los hay hasta cuatro seguidos— ni aun los consonantes.

Y como no es de creer que los italianos tengan el oído menos delicado ni menos cultivado que nosotros los españoles, fuerza es convenir que la prescripción técnica que aquí priva no pasa de ser, como tantas otras de nuestra ridícula preceptiva poética, una dificultad convencional ideada para encubrir con el artificioso vencimiento de ella la vacuidad de fondo poético.

Nuestra tradicional preceptiva abunda, en efecto, en reglas ridículas, no fundadas en principio alguno estético e ideadas no más que para crear dificultades que vencer reduciendo el arte a *virtuosidad* técnica.

Me parecía una inconsecuencia y un atentado traducir en verso consonante o siquiera asonante poesías que en su original están en verso libre, y una ñoñería evitar en este verso asonancias que los autores traducidos no evitaron en el original.

Y en cuanto al oído, ni estos son versos para ponerlos en música de baile, ni el oído preceptivo tradicional en España es nada respetable. Hora es, además, que aprendamos a no declamar los versos acompañándonos de metrónomo mecánico.

***

Índice

INTRODUCCIÓN 7
CASTILLA... 17
CATALUÑA 39
VIZCAYA 45
CANTOS 53
SALMOS 65
BRIZADORAS 81
MEDITACIONES 87
NARRATIVAS 133
REFLEXIONES, AMONESTACIONES Y VOTOS 145
INCIDENTES AFECTIVOS 155
INCIDENTES DOMÉSTICOS 169
COSAS DE NIÑOS 175
CAPRICHOS 181
SONETOS 187
TRADUCCIONES 193
NOTAS 211